한국 주택시장의 새로운 이해

이창무

다산출판사

이 저서는 한국연구재단의 지원을 받아 수행된 연구임(NRF-2010-812-B00022)

서 문

국내 주택시장은 우리가 몸으로 겪으며 살고 있음에도 불구하고 그 작동기제에 대한 해석이 제대로 이루어지지 못한 채 많은 시간이 흘러왔다. 서구에서 이용되고 있는 순수월세시장과 매매시장 간의 관계인 이차원적인 해석의 틀을 차용하여 국내 전세시장을 해석하려는 과거의 노력들은 그리 성공적이지 못했다. 이에 더하여 상당한 보증금과 월세가 동시에 유지되는 보증부월세와 관련된 시장정보는 관심조차 없던 상황이었다.

주택시장을 연구하는 학자로서 국내 주택시장에서 전세 및 보증부월세의 존재로 발생하는 독특한 시장기제를 해석하지 못하고 서구의 분석틀을 가져다 쓴다는 것이 항상 마음 한구석을 편하지 않게 했다. 이러한 불만으로 인해 마음속으로 국내 주택시장을 해석할 수 있는 이론적인 틀을 만들어 보겠다는 도전의지를 키워 온 지 오래되었다.

그러던 중 2000년대 초반 우연찮게 기회가 다가왔다. 그 당시도 지금 벌어지고 있는 것처럼 전세대란으로 전세가가 치솟고, 상승한 전세가를 감당하지 못하는 가구들이 전세가의 상승분을 월세로 전환하는 반전세가 재계약을 해야 하는 임차가구들을 괴롭히고 있었다. 지금의 논의처럼 그때도 급속한 월세화가 진행되어 몇 년 안에 월세시장으로 바뀔 것이라는 예측도 심심찮게 제시되는 시기였다. 이러한 시장상황에서 그 당시 부동산114(주)의 사장이셨던 현 명지대 이상영 교수님이 서울시 아파트 월세지수 개발을 위한 연구용역을 요청했다. 당시는 전세가만이 주택임대료 정보로 조사되고 축적되던 시기여서 보증부월세에 대한 시장정보는 새로운 방식의 조사가 요구되었다. 그렇게 축적되기 시작한 보증부월세 자료를 통해 그동안 보지 못했던 국내 주택임대시장의 실체를 볼 수 있는 창구가 열리게 되었다.

이후 이루어진 지속적인 연구를 통해 그때에 비하면 지금은 국내 주택시장의 작동기제를 이해하는 데 적잖게 가까이 다가선 느낌이 든다. 이는 본 저자만이 아닌 국내의 많은 연구자들의 고민과 노력이 쌓인 결과이다. 이제 10여 년 넘게 한 걸음 한 걸음씩 진전되어 온 파편적인 연구결과들을 묶어 종합적인 구도에서 바라보고 미진한 부분을 함께 나누어 고민할 시기가 되었다고 판단하여 이 책을 출간할 욕심을 가지게 되었다. 아직도 갈 길이 많이 남은 연구주제이지만 이 책이 국내 주택시장을 이해하고자 하는 사람들 사이에서 언어를 함께 공유하고, 좀 더 발전된 이해의 폭을 넓힐 수 있는 계기가 되기를 희망한다.

이 책은 많은 사람들의 도움으로 가능할 수 있었습니다. 함께 어려운 주제를 고민해 온 적지 않은 연구자들, 그리고 자료의 분석과 정리를 담당해 주었던 류강민 박사, 미경이, 지연이, 그 밖에 귀찮은 작업을 흔쾌히 도와주었던 제 대학원연구실 학생들 모두에게 감사드립니다. 그리고 상업성이 떨어질 수 있는 이 책의 출간을 흔쾌히 맡아 주신 다산출판사 강희일 사장님, 이상호 과장님에게도 감사의 말씀을 전합니다.

언제나 감사드리고 싶은 두 분이 있습니다. 제가 한눈팔지 않고 학자로서의 길을 묵묵히 갈 수 있도록 모든 것을 희생해 오신 아버님과 하늘에 계신 어머님 감사합니다. 마지막으로 너무 늦게 애교떠는 법을 익힌 쉽지 않았던 남편을 묵묵히 기다려 온 훈이에게도 고마움을 전합니다.

서울 행당동에서 이 창 무

차 례

제 1 장

서 론

제 1 장

서 론

국내 주택임대시장의 독특한 특성은 전세라는 임대계약 형태로 대표된다. 외국에서의 일반적인 임대계약 형태는 매월 일정금액을 임대인에게 지불하는 순수월세의 성격을 유지하고 있다. 그러나 국내에서는 특이하게도 전세금을 임대인에게 임대계약 시에 지불하고 아무런 월세의 지불 없이 임대계약 기간 동안 사용하다가, 임대계약 만료 시 전세금을 돌려받는 전세제도가 주류를 이루고 있다. 이러한 전세는 주택시장뿐만 아니라 오피스나 상가 시장에서도 유지되고 있다.

흔히들 전세가 우리나라에만 존재하는 임대계약 형태로 알고 있다. 그러나 가까운 곳은 아니지만 남미의 볼리비아에 'Antichresis'라 불리는 유사한 임대계약 형태가 존재한다. 우리나라와 같이 임대계약의 주류를 이루고 있지는 못하나 도시별로 전체가구의 1~12%의 상당한 편차로 적지 않은 비중을 차지하고 있다(Navarro and Turnbull, 2010).

역사적으로 보면 전세는 고대 메소포타미아 문화권에서도 존재했으며, 그리스나 로마 시대를 거쳐 중세의 유럽에도 존재했었다. 근대에 들어서는 프랑스의 나폴레옹 법전에도 나타나며, 그 영향을 받은 스페인, 이탈리아, 라틴아메리카 및 미국의 루이지애나 주에서도 관측된다 (Navarro and Turnbull, 2010). 다만 현대에 들어서는 대부분 사라지고 볼리비아에서만 무시할 수 없는 임대계약 형태의 한 유형으로 유지되고 있다.

따라서 정말 독특한 국내 주택임대계약 형태는 보증부월세이다. 보증부월세의 경우 전세와는 달리 임대료의 수준을 판단하기 위해 월세와 보증금을 함께 고려해야 하는 조금은 더 복잡한 해석이 요구되는 계약 형태이다. 해외 주택시장의 순수월세의 경우 월세 미납이나 주택훼손과 같은 위험을 보상받기 위해 2달치 정도의 월세를 보증금으로 선납받는 것이 일반적이다. 그러나 국내의 보증금은 월세의 수십 배에서 수백 배 수준으로 단순한 보증금의 성격이 아니라 부분적으로 전세의 성격이 유지된다고 볼 수 있다. 결국 전세보다는 보증부월세가 우리나라의 가장 독특한 임대계약 형태라고 볼 수 있다. 그러나 임대료의 수준이 월세와 보증금이라는 두 개의 독립적인 가격으로 결정되는 보증부월세의 경우 시장에서 거래되는 정보가 체계적으로 축적되지 못한 관계로 그 특성에 대한 이해가 더욱 어려운 것이 현실이었다.

이러한 정보의 부재로 인해 국내 주택임대시장의 해석은 전세를 중심으로 이루어져 왔다. 그러나 국가 간 비교나 외국에서 개발되어 축적된 시장분석의 틀을 적용하기 위해서는 국내 주택시장의 전세를 외국의 임대계약 형태인 월세로 환산하여 분석해야 한다. 이러한 이유로 전세를 순수월세와 유사한 임대계약 형태로 간주하고 전세금의 시장금리에 해당되는 금액을 월세로 환산하였으며, 이러한 환산된 월세(전환월세)를 이용하여 외국의 임대시장 분석에 이용되는 지표와 이론을 적용하여 국

내 임대시장을 해석하는 것이 통상적인 접근방법이 되었다.[1)]

문제는 전세라는 특이한 계약 형태를 어떻게 순수월세로 환산하여 월세라는 현금흐름에 기초한 임대시장 분석방법을 적용하는가이다. 관련된 대부분의 연구에서 단위전세금의 기회비용을 시장이자율에서 찾았다(Kim, 1990; 손재영, 2000; 이현석, 2001). 그러나 어떤 시장이자율을 적용해야 하는지에 대한 합의를 떠나[2)] 전세금의 단위기회비용이 과연 시장이자율인가에 대하여도 이론의 여지가 많다.[3)]

이러한 논란과 관련된 문제 상황의 한 예가 국내 주택시장의 소득대비 임대료 비율(Rent to Income Ratio: RIR)을 계산할 때 전세를 어떤 이율로 월세로 환산하여야 하는가에 대한 선택에 대한 논란이다. 혹자는 시장이자율을 적용하여야 한다고 주장하고, 혹자는 시장에서 유지되고 있는 전세의 상승분을 월세로 대체할 때 유지되고 있는 전월세전환율을 그 이율로 이용해야 한다고 주장한다. 명확한 합의는 없다. 다만 시장이자율이 10% 수준일 때, 아파트 임대시장의 전월세전환율은 약 20% 수준이었으며, 2014년 현재 시장이자율이 3% 수준일 때 전월세전환율은 주택유형별로 약 6~10% 내외의 수준을 유지하고 있다. 단순하게 방금 논의한 환산이율의 차이를 받아들이면, 시장금리를 이용하여 전세를 순

---

1) 앞으로의 논의에서 개념을 명확히 표현하기 위해 보증금이 없는 해외의 월세 형태를 '순수월세', 보증부월세에서 지불되는 월세는 '월세', 보증부월세의 보증금을 전환율을 이용하여 월세로 환산한 후 이를 '월세'와 합하여 계산되는 월세를 '전환월세'로 통일하여 사용한다. 동일한 개념으로 보증부월세의 월세를 보증금으로 환산하여 보증금과 합산하여 전세를 산정하는 경우 '전환전세'라는 용어를 사용한다.

2) Kim(1990)은 사채이자율을 전세금에 대한 단위기회비용으로 책정하고 전세금을 월세로 환산하여 한국 주택시장의 비효율성을 논의하였다.

3) 관련된 논의로 임윤성(1996)은 주택시장에 요구되는 자본시장 균형조건으로서의 수익률이 시장이자율이 아닌 주택구입 시의 차입이자율이라고 논의하고 있다.

수월세로 환산한 임대료의 수준은 시장에서 관측되는 전월세전환율을 이용하여 환산한 임대료 부담의 절반 이하로 떨어지게 된다.

이에 더하여 상황을 더욱 복잡하게 만드는 것은 그렇게 관측되는 전월세전환율이 각 지역시장별로, 그리고 주택유형별로 상이하다는 점이다. 단위 보증금 및 전세금의 기회비용인 전환율이 금융시장의 이자율이라면 지역시장과 주택유형별로 차이가 발생할 이유가 없다. 과연 전세금을 순수월세와 같은 현금흐름으로 환산하려면 어떤 전환율을 적용해야 적절한 것일까? 선택이 가능하다면 왜 그런 선택을 해야 하는 것일까? 풀리지 않는 의문이 여전히 존재한다.

이 외에도 전세나 보증금을 안고 주택을 구입하여 일정기간 임대사업을 유지하는 경우 투자수익률을 어떻게 산정해야 하는가의 문제, 매매가대비 전세가의 비율을 해외 순수월세시장의 중요한 지표인 임대수익률 혹은 자본환원율과 유사한 개념으로 이해해야 하는가의 문제 등 여러 가지 풀기 힘든 의문들이 국내의 전세 및 보증부월세와 연관되어 존재한다. 또한 해외의 안정적인 추세를 보이는 순수월세와 달리 국내의 전세는 매매가의 변동성보다도 크다. 시시때때로 전세난이 발생하는가 하면 역전세난이 발생한다. 전세가 임대료라면 왜 이런 현상이 우리나라에서만 발생하는지의 의문도 풀기 힘든 숙제이다.

이러한 여러 가지 의문점들로 인해 전세를 단순히 월세와 같은 임대료로 설정하고 외국의 임대시장과 매매시장의 양분법적인 구도에서 전세를 순수월세 개념의 임대료로 환산하여 시장분석을 실시할 수 있을까 하는 의문을 갖게 한다. 실제로 전세를 기반으로 한 국내의 임대시장 분석은 그리 성공적이지 못한 결과를 쌓고 있다.

이와 같이 전세에 대한 이해도 확립되지 않은 상황에서 주택시장에서는 전세와 순수월세의 중간 형태라고 할 수 있는 보증부월세의 비중이 점진적으로 높아지고 있다. 대표적으로 서울시 주택시장을 살펴보면 2010년을 기준으로 자가가 41.1%정도를 차지하고 있으며 임대차 형태인 전세, 보증부월세 및 사글세가 각각 32.9%, 22.2%, 2.3%로 나타난다. 1990년 상황과 비교하면 전세의 비율이 지속적으로 감소하고 있다. 이에 반하여 보증부월세는 지속적으로 증가하여 1990년 10.6%에서 2000년 14.4%로, 2010년에는 22.2%로 20년 동안 그 비중이 2배 넘게 증가하였다.

표 1-1 서울시 점유형태별 가구수의 변화 (단위 : 가구, %)

구분	계	자가	전세	보증부월세	월세(사글세)	무상
1990	2,814,845 (100.0%)	1,070,951 (38.0%)	1,135,344 (40.3%)	297,687 (10.6%)	253,645 (9.0%)	57,218 (2.0%)
1995	2,965,794 (100.0%)	1,178,893 (39.7%)	1,300,169 (43.8%)	401,735 (13.5%)	42,987 (1.4%)	42,010 (1.4%)
2000	3,085,936 (100.0%)	1,263,357 (40.9%)	1,271,330 (41.2%)	445,236 (14.4%)	57,387 (1.9%)	48,626 (1.6%)
2005	3,309,890 (100.0%)	1,475,848 (44.6%)	1,100,175 (33.2%)	612,499 (18.5%)	67,481 (2.0%)	53,887 (1.6%)
2010	3,504,297 (100.0%)	1,439,338 (41.1%)	1,152,714 (32.9%)	782,696 (22.2%)	80,174 (2.3%)	49,375 (1.4%)

자료 : 인구주택총조사 각 연도(국가통계포탈, http://www.kosis.kr/).

이러한 주택임대시장의 변화에 대하여 주택모기지제도(MBS)의 도입과 같은 주택금융시장의 변화와 더불어 1990년대 말 IMF 외환위기 이후 전세가의 앙등에 반응하여 월세화가 가속화되면서 사금융으로서의 전세제도의 소멸과 순수월세로의 전환을 점치는 논의들이 있어 왔다(이상영, 2002). 이런 과정에서 보증부월세를 순수월세로 전환되는 과정에서 발생한 과도기적인 임대계약 형태라고 보는 시각도 있었다. 이러한 시각에 기초한 연구로 박병식(2002)은 보증부월세와 전세의 공존을 시장균형 상태로 보기보다는 불균형 상태로 가정하고 전세와 월세 중 어느 편이 경제적으로 유리한가를 재무론적 관점에서 분석하여 한쪽으로의 수렴 가능성을 논의하였다. 그러나 2000년대 중반 가격상승이 급격히 이루어지면서 월세화의 추세는 주춤하였다가 최근 2000년대 말 국제금융위기 이후 전세가의 상승이 지속적으로 이루어지면서 반전세 계약이 급증하는 현상과 함께 다시 월세화의 추세가 가속화되고 있는 실정이다.

이와 같은 장기적인 과정에서 전세의 비중이 줄기는 하였으나 여전히 주택시장에서 주요한 임대계약 형태로 유지되고 있다. 정말로 전세가 과도기적인 임대계약 형태이고 지금의 주택임대시장 상황이 불균형 상태일까? 정말로 현재의 임대계약 형태가 순수월세로 수렴돼야 하는가? 이런 질문과 관련된 전세와 보증부월세 간에는 어떤 관계가 존재하고 어떠한 이론적인 구도로 해석해야 할까? 많은 질문들이 제시될 수 있다.

조금은 다른 시각에서, 단순히 전세를 과도기적인 시장불균형 상태로 간주하기보다는 전세와 보증부월세가 공존하는 임대시장의 균형조건에 대한 관심에서 출발하여 국내 부동산임대시장을 해석하기 위한 노력들이 축적되어 왔다(이창무 · 정의철 · 이현석, 2002). 이어지는 장에서 상세하게 논의될 이론적인 연구들의 결과를 간단하게 정리하면, 시장에서 관측되는 다양한 보증금 비중이나 전세금이 직접투자금액을 줄이기 위한 레버리지 효과를 위해 이용되는 경우 전세와 순수월세를 포괄하는 넓은 스펙트럼의 모든 보증부월세는 공존할 수 있다는 것이다.

기본적인 전세와 보증부월세에 대한 시장균형과 관련된 논의와 함께 전세와 넓은 스펙트럼의 보증부월세, 순수월세가 공존하는 국내 부동산 시장을 어떠한 구도로 분석해야 하는가 하는 기본적인 분석의 틀에 대한 의문도 제기된다. 단순히 매매시장과 개념적인 월세에 기초한 임대시장의 양분법적인 틀에서 부동산시장을 해석하는 데 발생하는 문제점은 앞에서 간단히 논의하였다. 이러한 문제점을 극복하기 위해 이 책에서는 국내의 부동산시장을 매매시장과 전세시장, 그리고 가상적인 순수월세시장의 세 개의 축으로 구성되어 있는 삼차원적인 분석의 틀을 적용하여 분석하고자 한다. 이러한 틀에서 전세는 월세시장과 매매시장의 특성이 복합적으로 영향을 미치는 중간적인 성격의 시장으로 이해된다. 세부적인 시장분석지표에 대한 내용은 다음 장에서 상세히 설명된다.

이 책에서는 먼저 국내 주택임대시장의 일반적인 특징을 살펴보고, 보증부월세로 대표되는 국내 주택임대시장에 대한 이론적인 해석을 정리한다. 다음으로 각 주택유형별 시장에 대하여 실증자료를 이용하여 세부적으로 살펴보고, 이어지는 장에서는 각 시장지표별로 주택유형별 시장을 비교분석한다. 마지막 장에서는 국내 주택시장과 관련된 '전세가 사라질 것인가?', '전세는 바람직한 임대계약 제도인가?', 그리고 '국내에서 기업형 민간임대사업자의 육성이 가능한가?' 등 현실적인 의문점들에 대한 필자의 정리된 생각을 제시한다.

제2장

국내 주택시장의 일반적 특성

제1절 개 요

제2절 보증부월세에 대한 개념적 해석

제 2 장

국내 주택시장의 일반적 특성

제 1 절 개 요

이 장에서는 국내 주택시장의 기본적인 특성을 논의하고자 한다. 서두에 논의한 것처럼 최근 들어 주택임대시장에서는 임대차계약 형태의 점진적인 변화가 나타나고 있다. 즉, 과거 전세 위주의 계약에서 보증부월세계약의 비중이 급격히 높아지고 있다는 점이다. 그러나 큰 틀에서 보면 전세와 순수월세는 광의의 보증부월세의 양극단으로 이해할 수 있다. 즉 보증부월세 중 보증금 지불이 없는 경우가 순수월세가 되며, 반대로 월세의 지불이 없는 경우가 전세가 된다. 그 사이에 다양한 보증금 비중의 보증부월세계약이 존재한다. 결국 전세 및 국내 주택시장의 구조를 이해하기 위해서는 광의의 보증부월세의 작동기제에 대한 이해가 필수적이다.

1. 보증부월세의 특성과 임대료 수준

이론적인 논의에 앞서 2011년 이후로 수집되기 시작한 국토교통부 전월세 확정신고자료를 이용하여 전세를 포괄하는 광의의 보증부월세에 대한 기본적인 단면을 살펴보도록 하자. 서울시 전월세 확정신고자료 중 항상 관심이 되는 지역인 강남구 대치동의 아파트자료를 선택하여 분석하였다. 분석자료는 2011년 1월부터 2013년 12월까지 신고된 자료를 포함하며 분석결과는 [그림 2-1]에 제시되어 있다.

보증부월세의 경우 순수월세나 전세와 달리 두 개의 독립적인 지불방법 즉 월세와 보증금의 선택에 따라 임대료의 수준이 결정된다. 그러나 보증부월세는 전세와 같이 단일 가격이 아니라서 그 임대료 수준을 직접적으로 판단하는 것이 쉽지 않다. 한 예로 서울시 대치동의 아파트에서 계약된 사례를 보증금과 연세(월세×12)의 두 축을 설정하고 그려보면, 어떤 임대료 수준을 파악하는 것은 거의 불가능하다(그림 2-1a). 이 계약 사례들을 좀 더 표준화하기 위해 주택면적으로 나누어 m^2당 보증금과 연세의 관계를 작도하더라도 상황은 그리 개선되지 않는다(그림 2-1b). 이 그림에서 사실은 보증부월세뿐 아니라 전세의 수준도 천차만별이다.

대치동에 있는 아파트 중 은마아파트는 31평형(전용면적 77m^2)과 34평형(전용면적 84m^2)의 유사한 규모의 두 가지 유형이 모두 2,674세대와 1,750세대가 있는 대규모 아파트 단지이다. 따라서 각 시점별 임대료의 비교대상이 많아 시세의 파악이 용이하다. 임대료 수준에 대한 관계를 명확하게 살펴보기 위해 유사한 주택특성을 유지하고 있는 대치동의 은마아파트만을 선택하여 그려보면 [그림 2-1c]와 같이 좀 더 명확한 패턴을 보여준다. 그래프상에서 보증금 축에 놓여 있는 점들은 전세계약을 의미하며 1사분면상에 흩어져 있는 점들은 보증부월세계약을 의미한다. 그림상으로 보더라도 전세계약이 우세하게 많음을 알 수 있다.

그림 2-1 강남구 대치동 아파트 보증부월세시장의 계약분포

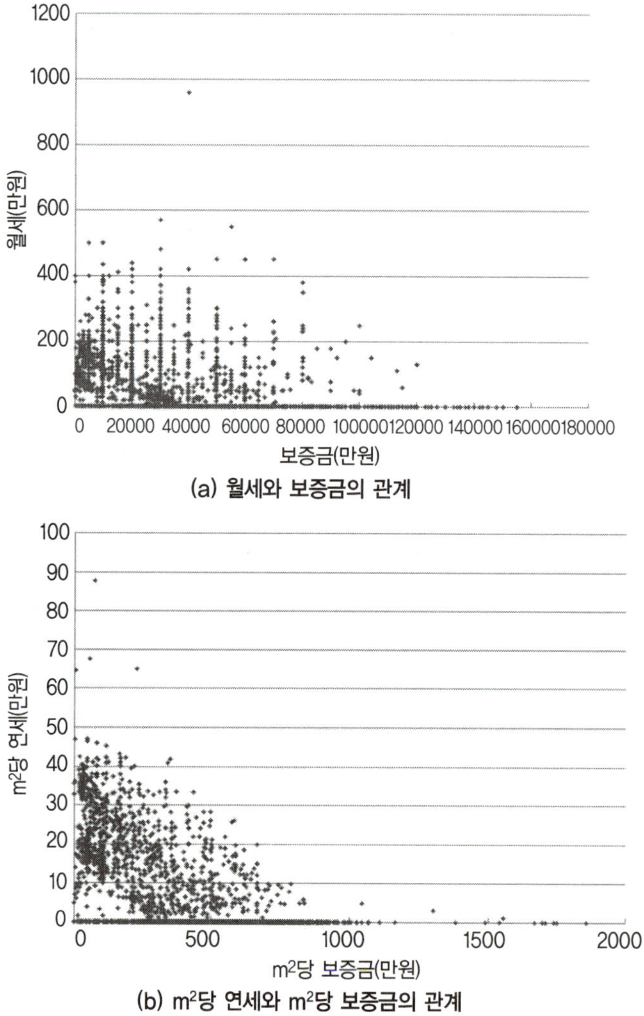

(b) m^2당 연세와 m^2당 보증금의 관계

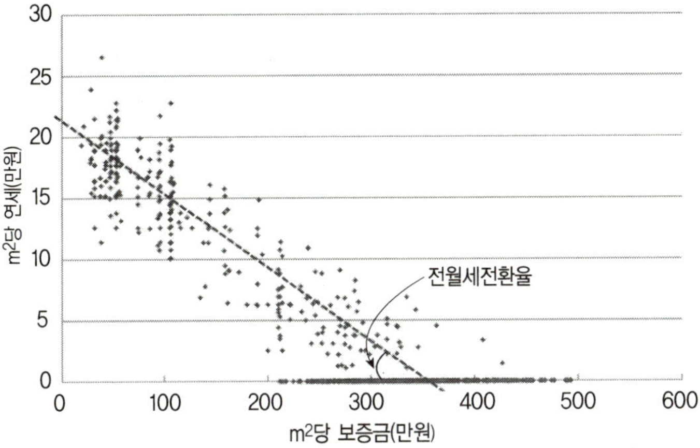

(c) 은마아파트 연세와 보증금의 관계

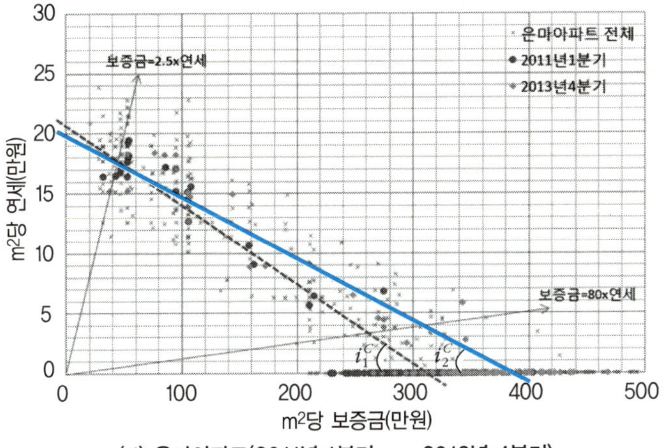

(d) 은마아파트(2011년 1분기 vs. 2013년 4분기)

자료 : 국토해양부 전월세 확정신고자료(2011.1.~2013.12.).

흥미로운 점은 보증부월세의 경우에 일정한 계약유형이 있는 것이 아니라 1사분면에 넓게 분산된 형태로 존재한다는 것이다. 다만 보증금이 많은 계약일수록 연세가 줄어드는 명확한 선형의 패턴을 보여준다. 그림에서 이 가상적인 직선의 보증금 축과의 기울기가 우리가 흔히 이야기하는 전월세전환율이 된다. 즉 보증금을 한 단위 줄이기 위해서 더 받아야 하는 연세의 크기, 역으로 보증금을 한 단위 더 받기 위해 포기해야 하는 연세의 감소분을 의미한다.

그러나 우리가 쉽게 이야기하는 것과 달리 개별 계약건에서 전월세전환율이 그리 일정한 값을 갖는다고는 볼 수 없다. 임대인과 임차인의 상황에 따라 월세나 보증금을 더 받기도 하고 덜 받기도 하는 상당히 분산된 계약이 이루어지고 있음을 알 수 있다. 전세만 보더라도 유사한 주택에 대하여 m^2당 200만원에서 500만원까지, 어찌 보면 지나치게 폭넓은 계약들이 이루어지고 있다. 그 계약 하나하나를 보면 나름의 이유가 있을 것이다. 그렇다고 그 계약들이 잘못된 계약이라고는 볼 수 없다.

보증부월세의 분포적 특징을 보면 m^2당 보증금이 20만원 이상 120만원 이하의 계약들이 주류를 이루고 있음을 볼 수 있다. 해당 계약건들의 연세대비 보증금 배율을 산정해 보면 대략적으로 연세의 2.5배 전후의 계약건들이 많다. 반면 보증금이 1년치의 연세를 충당하지 못하는 계약건은 거의 관측되지 않는다. 또한 우리가 반전세라고 하는 전세계약에 가까운 계약들, 즉 보증금 축에 가까이 있는 계약들은 상대적으로 관측빈도가 낮다.

어쨌든 보증금-연세의 평면상 상이한 위치를 점하고 있는 개별 보증부월세건의 임대료 수준을 파악하는 한 가지 방법은 개별 보증부월세건에서 시작하여 전월세전환율을 나타내는 직선과 평행한 직선이 보증금 축과 만나는 점, 즉 각 보증부월세건에 해당되는 가상적인 전세의 수준으로 파악하는 것이다. 그러나 이 경우 결국 대응되는 전세 수준을 파악하게 되어 보증부월세의 차별화된 임대료 수준을 파악하지 못한다.

또 다른 방법은 보증금 축이 아닌 연세 축으로 연장하여 만나는 점, 즉 가상적인 순수연세의 수준으로 파악하는 방법이다. 이 경우는 전세가 오르더라도 전환율이 떨어지면 월세는 안정적일 수 있는 차별화된 시장상황의 판단이 가능해진다. 기존의 월세지수 산정방법[1]은 이와 같이 연세 축으로 연장된 순수연세의 변동을 기준으로 작성된다.

그럼 임대료의 변화는 어떤 양상으로 나타날까? 가격지표가 매매가나 전세가와 같이 단일지표라면 가격의 변동을 쉽게 판단할 수 있다. 그러나 보증부월세와 같이 두 개의 독립적인 지표가 다른 움직임을 보일 수 있는 경우는 임대료의 움직임을 판단하기가 쉽지 않다. 한 예로 은마아파트의 2011년 1분기 신고자료와 2013년 4분기 신고자료를 살펴보도록 하자(그림 2-1d).

두 개 분기의 계약사례를 보면 전세의 경우는 명확히 상승했음을 알 수 있다. 그러나 보증부월세는 올랐다고 해야 하는지 내렸다고 해야 하는지 명확하지 않다. 우선 어떻게 임대료 수준을 판단해야 하는지에 대한 선택이 용이치 않다. 한 가지 방법은 각 보증부월세 사례들을 가장 잘 연결하는 선을 구성하여 그 선의 높이를 판단하는 방법이다. 그러나 복잡하게도 2013년 4분기 직선의 기울기 즉 전월세전환율이 달라졌다. 2011년 1분기(i_1^C)에 비해 2013년 4분기(i_2^C) 전월세전환율이 낮아졌다는 것이다.

관측된 보증부월세를 연세 축으로 전환율 직선과 평행하게 연장하면

---

1) 한국감정원 및 부동산114(주)에서는 조사된 보증부월세를 전월세전환율을 이용하여 순수월세의 단일 가격으로 전환한 후 이를 지수화하고 있다.

연세 축과의 교점을 찾을 수 있고 전환된 연세 수준을 통해 임대료의 수준을 판단할 수 있다. 이 경우 전세로 판단한 임대료 수준은 상승했음에도 순수월세(연세)로 판단한 임대료는 하락했다(그림 2-1d). 이러한 임대료 변동에 대한 판단기준의 문제는 최근 2014년 한국감정원에서 생산되는 월세지수에 대하여 적지 않은 언론매체에서 시장에서의 체감과는 다르다고 비난하는 이유가 된다.

또 다른 방법은 관측된 보증부월세의 연세와 보증금의 비율을 동일하게 고정시키고 원점으로부터의 거리의 변화에 기초하여 임대료의 변동을 판단하는 방법이다. 관측된 보증부월세의 보증금/연세 배율이 10배라면 보증금이 5% 변하는 경우 연세도 5% 상승하게 됨으로 보증금과 연세 간의 전환이율에 대하여 고민할 필요가 없이 임대료의 상승률을 판단할 수 있다. [그림 2-1d]에서 보증금/연세 배율이 2.5배인 경우 임대료는 거의 변화가 없다. 그러나 문제는 이러한 임대료의 변동이 보증금의 비중별로 극히 차별화된다는 점이다. 즉 전세와 가까운 반전세에 해당되는 보증금/연세 배율이 80배인 경우는 전세와 엇비슷한 상승률을 경험하였다.

여기서 우리는 2011년 1분기와 2013년 4분기 사이에 임대료가 올랐다고 해야 하는지 내렸다고 해야 하는지 고민이 시작된다. 결국 전세를 포괄하는 국내의 전월세시장에서는 하나의 임대료지표로 시장을 판단할 수 없다는 것이다. 전세가가 결정되어지는 기제가 월세가 결정되어지는 기제와 동일하지 않은 관계로, 전환된 순수월세로 판단하든 전형적인 보증부월세를 선택하여 판단하든 전세와는 다른 임대료지표가 필요하다. 현재 시장에서 제공되는 지표는 보증부월세를 순수월세로 환산하여 지수화하는 방법을 선택하고 있다. 다만 시장에서 체감되는 보증부월세의 변동을 통합적으로 지수화하기 위해서는 좀 더 개선된 방안이 요구된다.

월세의 지수화와 관련된 논의는 차후로 미루고 전세를 포괄하는 광의의 보증부월세라는 임대계약은 우리가 이전까지 보아 온 단일 가격에 기초한 시장정보와 달리 이해하기가 지극히 복잡한 측면이 존재한다는 점만을 다시 언급하면서 기본적인 광의의 보증부월세의 특성에 대한 설명을 마감하고 좀 더 종합적인 국내 주택시장의 구조를 살펴보도록 하자.

2. 국내 주택시장의 삼차원 모형

국내 임대시장만이 갖는 독특한 특성 때문에 외국의 월세시장과 매매시장의 양분된 구조를 기초로 국내 주택시장을 해석하는 시장분석방법론을 적용하는 것은 한계가 있으며, 전세(또는 보증금)와 월세 간의 관계에 대한 추가적인 분석이 필요하다. 다시 말해서 국내 주택시장의 해석을 위해서 외국의 매매와 월세의 이차원적인 구조가 아니라 [그림 2-2]와 같이 전세가를 독립적인 축으로 추가하는 삼차원적인 시장구조의 설정이 필요하다.

주택시장에 대한 삼차원적 구조해석의 장점은 다양한 스펙트럼을 가지는 보증부월세시장의 양극단인 순수월세시장과 전세시장을 독립적인 축으로 도입하여 전세시장을 비롯한 임대시장의 해석을 용이하게 해 준다는 점이다. 이러한 삼차원 구조는 매매가(P), 순수월세(Ro) 및 전세가(C)를 독립적인 축으로 설정하고 각각의 독립적인 움직임을 인정함으로써 개별 시장의 특성을 나타낼 수 있다. 여기서, 보증부월세시장은 전세

그림 2-2 국내 주택시장의 삼차원적 구조

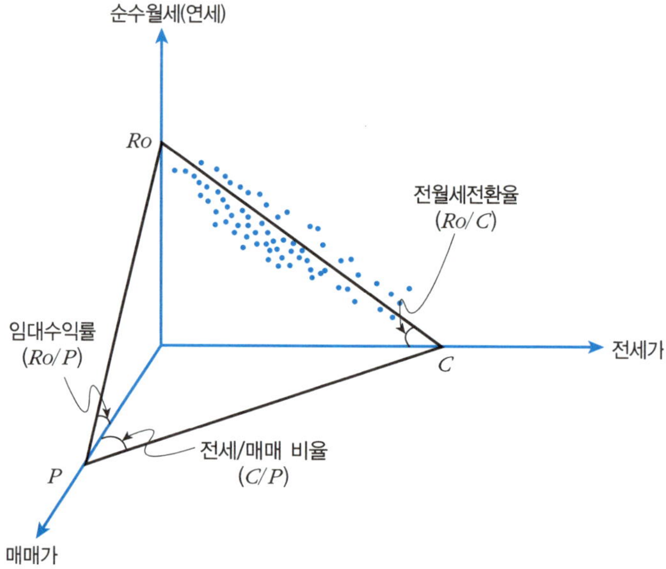

자료 : 이창무 · 이재우(2008).

시장과 순수월세시장이라는 단일 가격으로 임대료 수준이 결정되는 두 개의 독립적인 시장의 관계에 의해 설명될 수 있다.

또한 순수월세시장을 하나의 독립적인 시장으로 전제함으로써 월세시장과 매매시장 간의 연결고리에 바탕을 둔 기존 서구적 이론과의 연속성을 확보할 수 있다. 마지막으로 임대시장인 전세시장이 매매시장과 월세시장에서 동시에 영향을 받는다면, 삼차원 시장구조모형은 전세시장을 각각 순수월세시장과 매매시장의 관계를 통해 해석할 수 있도록 함으로써 전세의 이중적 성격에 대한 이론적 접근을 용이하게 해 준다.

이러한 주택시장의 삼차원적 구조에 따라 분석대상이 되는 시장지표들도 다양하게 요구된다. 우선 매매가, 전세가, 월세를 포괄하는 기본적인 가격지표가 필요하며, 각 하부시장 간의 관계를 파악하기 위한 전세가/매매가 비율, 순수월세 시의 잠재임대수익률(잠재자본환원율), 전월세전환율이라는 관계지표에 대한 분석도 요구된다. 그와 함께 다양한 보증금 비중의 분포가 존재하는 임대시장의 특성을 이해하기 위해 보증금 비중의 분포를 파악할 수 있는 추가적인 시장지표가 필요하다.

국내 주택시장을 해석하는 데 어려움을 야기하는 원인은, 그러한 지표들의 의미가 무엇인지 아직 명확하게 해석되지 못했으며, 각각의 지표들이 독립적이라기보다는 상호 연관성이 강한 지표라는 점 때문이다. 또한 그런 지표들의 변화를 살펴볼 수 있는 충분한 시장정보가 축적되지 못했다는 점은 국내 주택시장을 해석하는 데 있어 상당기간 적지 않은 한계가 있을 것임을 예상케 한다. 이어지는 이론적인 분석은 그러한 관계지표들이 어떤 이론적인 결정기제를 갖게 되는지를 해석하는 것이라고 볼 수 있다.

제 2 절 보증부월세에 대한 개념적 해석

앞에서 살펴보았듯이 보증부월세를 이해하기 위해서는 보증부월세와 전세와의 관계를 설명하기 위한 지표로 요구되는 전월세전환율에 대한 이해가 가장 중요하다. 보증부월세의 증가 추세 및 관측되는 전월세전환율의 수준은 국내 주택시장분석에 두 가지 의문점을 제기한다.

첫째, 전월세전환율의 개념에 관한 것이다. 전월세전환율은 일반적으로 전세금의 일부(예를 들면, 전세금의 상승분)를 월세로 환산하기 위해서 사용되는 지표로 이해되고 있다. 좀 더 전문적인 용어로 전월세전환율을 단위전세금 또는 단위보증금에 대한 기회비용으로 볼 수 있다. 그러나 전월세전환율은 단지 전세금의 상승분에만 적용되는 것이 아니라 보증부월세에서 보증금을 상대적으로 줄이고 월세를 더 받을 때, 혹은 월세를 상대적으로 줄이고 보증금을 늘릴 때도 이용되는 좀 더 포괄적인 시장지표로서 좀 더 명확하게는 보증금-월세 전환율이라고 표현하는 것이 합당할 것이다. 여기서 전환율은 일관성을 목적으로 이자율과 같이 연 단위로 산정하기 위해 대부분의 경우 월세의 12배에 해당되는 연세를 이용하여 산정된다.

기존의 논의에서는 전세금이나 보증부월세의 두 가지 가격 중 보증금의 기회비용을 운영수익의 관점에서 이해하여 왔다. 전세금을 월세라는 현금흐름이 발생하는 순수월세와 동일시하여, 전세금이나 보증금에서 발생하는 이자를 월세 대신에 지불받는 구조를 암묵적으로 수용하였다. 따라서 전월세전환율은 금융시장의 시장이자율과 밀접한 상관관계가 있다고 인식되어 왔다. 이러한 인식으로 인해 전세, 보증부월세, 월세 등 다양한 형태로 구분되어 있는 임대계약에 대하여 공통적으로 사용할 수 있는 주거비용(임대료)을 산출하기 위해 전세나 보증부월세의 보증금이라는 저량(stock)을 유량(flow)인 현금흐름으로 환산하기 위한 환산율로 금융시장의 시장이자율을 사용해 왔다.

그러나 IMF 금융위기 시절 20% 선을 유지했었고, 시장이자율이 3% 정도 수준인 현재 6~10% 내외의 수준을 유지하고 있는 전월세전환율을 단순히 금융시장의 이자율로 설명하는 데는 한계가 있다. 상대적으로 높은 전환율에 대하여 주택시장에 투자하는 투자자의 기대수익률과 위험프리미엄 등 시장의 특수성이 반영되었기 때문이라는 해석도 있을 수 있다. 그러나 주택시장에서 파생된 현금(전세금 및 보증금)이라고 해서 그 운영에 있어 현금의 일반적인 시장이자율 이상의 운영수익이 보장된다는 것은 논리상 문제가 있다. 따라서 임차인(임대인)이 금융시장 이자율과 연계한 전세금의 이자 또는 보증부월세의 경우 보증금의 이자와 월세를 임대료로 지불(부과)한다는 기존의 해석에 의문을 제기하게 된다.

둘째, 보증부월세의 계약조건은 보증금과 월세가 다양한 스펙트럼(spectrum)의 형태로 존재한다. 즉, 모든 입지적 · 물리적 특성이 동일한 주택이더라도 이에 대한 보증부월세 계약조건은 보증금의 수준과 월세의 수준이 다양한 조합으로 형성될 수 있다. 현실적으로 보증금이 높으면(낮으면) 월세가 낮은(높은) 형태로 동일한 임대료 수준을 유지하는 수많은 임대차 계약조건이 존재할 수 있다. 이러한 보증금과 월세의 다양한 조합이 가능한 보증부월세시장이 순수월세라는 시장균형으로 가는 과도기적인 과정에서 나타나는 현상인지, 아니면 주택임대시장의 균형에서 성립될 수 있는 조건인지를 분석해 볼 필요가 있다. 만일 균형에서 성립될 수 있는 조건이라면 그 이유를 어떻게 설명할 수 있으며, 시장이자율을 임대주택의 운영수익으로 보는 논리로 이를 설명할 수 있는지도 분석해 볼 수 있을 것이다.

이 장의 목적은 위에서 제기한 두 가지 문제점을 이론적으로 분석함으로써 전세와 순수월세를 양극단으로 포함하는 포괄적인 의미의 보증부월세시장의 구조에 대한 새로운 해석을 제시하고자 한다.

1. 전세금과 보증부월세 보증금의 기능

외국의 경우 우리나라에서 관찰될 수 있는 전세, 특히 상당한 금액을 보증금으로 설정하는 보증부월세와 유사한 개념의 임차계약 형태는 찾기가 힘든 것으로 알려져 있다. 외국의 경우 월세계약 시 지불하는 보증금(security deposit)은 말 그대로 월세 체납의 위험을 헷징(hedging)하기 위한 것으로 보는 것이 적절하다고 판단된다. 미국에서는 1~2개월분 월세를 보증금(security deposit)으로 받아 두고 월세 미지불 시 보증금을 이용하여 미지불된 월세를 대체하거나 퇴거 시 발생하는 보수비용으로

그림 2-3 서울시 아파트 각 구별 월세대비 보증금 배율(중위값)

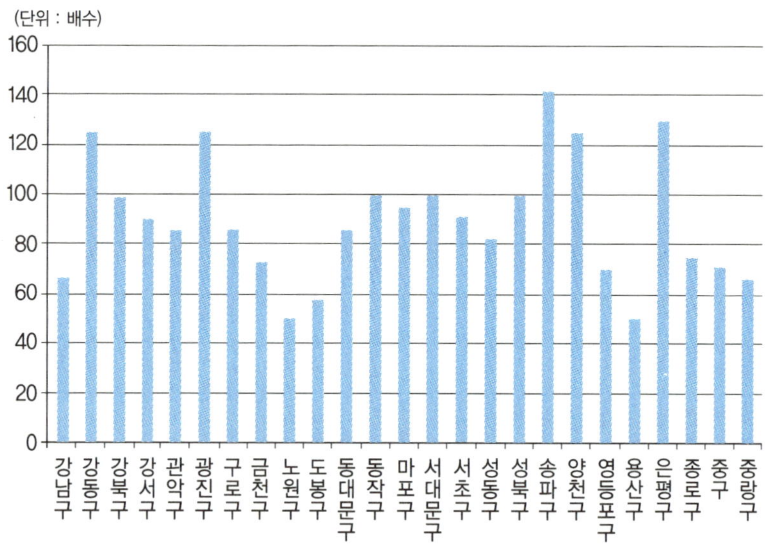

자료 : 서울시 전월세 확정신고자료(2013.1.~2013.12.).

충당한다. 법적으로 보증금에서 발생하는 이자수익은 임차인에게 되돌려 주도록 하고 있다. 이러한 성격이 한국 주택시장에서 관측되는 보증부월세의 보증금의 역할이라고 보기에는 그 비중이 너무 크다.

최근 자료의 축적이 이루어지고 있는 전월세 확정신고자료를 살펴보면, 서울시 아파트시장의 보증금은 월세대비 평균 70배 수준으로 상당히 높다. 서울시 각 자치구별로 살펴보면 보증금의 규모가 월세의 최소 50배에서 최대 90배에 이르는 지역까지 다양하게 나타난다. 아울러 평형별로 구분한 분석결과는 보증금규모가 규모별로 다양하게 분포되어 있으며, 이와 같은 수준의 편차가 지속적으로 유지되고 있음을 보여준다.

그림 2-4 서울시 아파트 평형별 월세대비 보증금 배율 수준(중위값)

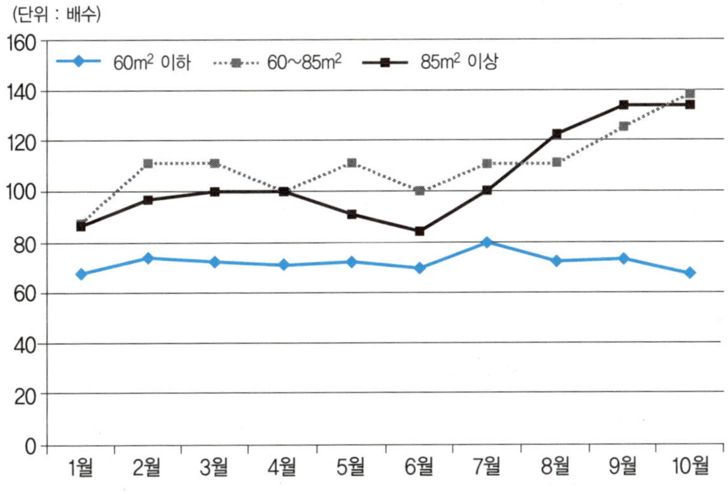

자료 : 서울시 전월세 확정신고자료(2013.1.~2013.12.), 자료 취득 시점인 신고일을 고려하여 최근 2개월 제외.

그렇다면 월세에 비해 매우 높은 보증금, 또는 그 극한으로 볼 수 있는 전세금은 어떻게 해석할 수 있을까? 기존의 전세금의 기능에 대한 이론적인 해석은 전세금의 운영을 통해 운영수익을 올리고, 그 운영수익이 월세인 경우의 임대수익을 대체하는 것으로 간주하고 있다. 이러한 해석에 근거하여 전세금의 시장이자율에 따른 이자소득을 월세로 환산하여 주택임대시장을 분석하는 방법이 일반적이었다(이현석, 2001; 손재영, 2000; 김종일 · 송의영 · 이우헌, 1998). 이러한 시각은 전세를 순수월세와 동등한 성격의 임대계약으로 보고 전세를 주거서비스에 대한 가격으로 보는 것에 근거한다(황두현, 1990). 이러한 접근방법은 임차인에게 부과되는 전세금에 대한 기회비용과 임대인이 전세금으로부터 획득하는 운영소득을 시장이자율로 동등하게 취급할 수 있다는 해석상의 용이성이 있다.

그러나 임차인의 입장에서는 전세나 순수월세 모두 일정한 비용을 지불하고 임대인이 제공하는 주거서비스를 소비한다는 측면에서 동일한 임대차계약으로 볼 수 있지만 임대인의 입장에서는 자금의 운용과 관련하여 전세와 순수월세를 달리 취급할 수 있다. 주택투자자에게 전세는 상당히 저렴한 비용으로 필요한 자금을 (임차인으로부터) 대출할 수 있는 매력적인 제도라고 이해되고 있다. 대신 투자자는 소유하는 주택에 대한 사용권을 임차인에게 주고 안정적인 월세수입을 포기하게 된다. 즉, 일종의 레버리지 효과를 추구하는 것이다. 그러나 실질적으로 보증금이나 전세금은 결코 저렴한 부채가 아니다. 전환율이 10%란 이야기는 보증금을 받지 않고 순수월세를 받았더라면 취할 수 있었던 보증금의 10%에 해당되는 월세를 포기해야 함으로 대출이자율이 10%에 해당되는 대출금이라고 해석할 수 있다. 그럼에도 불구하고 임대인들은 낮은 이자율의 은행대출보다 높은 금리의 전세금이나 보증금이라는 부채를 선택한다. 이러한 현상에 대해서는 추가적인 분석과 해석이 필요한 이슈이다.

어쨌든 이러한 전세금 기능은 일찍부터 인식되어 왔지만 레버리지 효과 측면에서의 해석은 부분적으로만 논의되어 왔다(김종일 · 송의영 · 이우헌, 1998). 많은 경우 전세를 안고 주택을 구입할 때 전 주인의 부채인 전세금은 현금의 이동 없이 그대로 새 주인에게 전달된다. 또한 임차인이 바뀔 때 새로운 임차인의 전세금의 전부 또는 대부분이 곧바로 구 임차인에게 전달되는 것이 일반적이라는 사실은 전세금을 레버리지 효과를 위해 활용하는 방식이 시장에서 주요한 선택이라는 해석을 가능하게 한다.

실제로 국토연구원(1998)의 조사에 의하면 조사대상자의 71.4%가 전세금을 주택마련자금이나 주택신축비용으로 활용하고 있으며 금융기관에 예금하여 이자를 통한 임대수익을 올리기 위한 목적으로 사용하는 경우는 9.5%에 불과한 것으로 나타났다. 또한 최근 개인 민간임대사업자를 대상으로 설문조사를 통해 현재 유지되고 있는 전세금 및 보증금의 용도별 금액 비중을 분석한 위정환 · 지규현 · 이창무(2013)의 연구 역시 구입 시 레버리지로 활용하거나, 대출금 상환 및 타 부동산을 구입하는 등의 용도로 활용한 금액 비중이 78%에 달하고 은행에 예금하거나 다른 금융상품에 투자한 경우는 6%에 불과함을 보여 준다(표 2-1). 보증부월세의 경우도 유사한 경향을 보인다. 이는 전세금뿐 아니라 보증부월세의 보증금 역시 레버리지 효과를 누리기 위해 운영되는 방식이 주류를 이루고 있음을 알 수 있다.

표 2-1 임대인의 전세금 및 보증금 활용방법

항 목	전 세		보증부월세	
	응답수(%)	금액비율	응답수(%)	금액비율
구입 시 레버리지로 활용	47(35%)	40%	38(33%)	36%
은행에 예금	11(8%)	4%	16(14%)	8%
주식 등에 투자	7(5%)	2%	8(7%)	3%
대출금 상환에 사용	29(22%)	16%	25(22%)	16%
타 부동산 자금으로 사용	34(26%)	21%	18(16%)	12%
생활비나 기타소비로 사용	28(21%)	11%	25(22%)	15%
기타	22(17%)	6%	24(21%)	10%
응답표본	133	78	116	71

주 : 응답수는 복수 응답임.
자료 : 위정환 · 지규현 · 이창무(2013).

또한 임차인의 시각에서도 전세금은 주택구입 시 유동성 문제를 극복하기 위한 잠재적인 주택구입자금이고 임차인이 잠재적 주택구입자(또는 투자자)라고 가정한다면 금융시장에서의 시장이자율을 기회비용으로 보기보다는 주택구입 시 취득가능한 투자수익률을 기회비용으로 고려하는 것이 더 적절한 해석일 것이다.

물론 국내의 주택시장이 효율적이어서 금융시장에서 유지되고 있는 시장이자율에 주택시장에서 유지되고 있는 위험도를 반영한 수준에서 재정조건이 유지되는 장기적인 시장균형조건을 가정한다면, 이러한 시각은 기존의 해석과 큰 차이가 없을 수도 있다. 그러나 항상 초과수익에 대한 우려와 정부의 규제로 인한 비효율적인 시장에 대한 인식이 유지되고 있는, 그리고 단기적인 시장변화에 대한 관심이 높은 국내 주택시장에서 그러한 장기적인 재정조건을 곧이곧대로 단기적인 임대시장분석을 위해 받아들일 수 없는 것이 현실이다. 무엇보다도 재정조건을 임대시장 내의 단기적인 시장균형조건으로 직접 도입하는 것은 임대시장 내에서 벌어지는 단기적인 시장조정의 과정을 분석할 수 있는 창구를 잃어버린다는 문제점이 발생한다. 따라서 본 논의에서는 국내 주택시장이 단기적인 관점에서 주택시장의 부분균형만이 유지되고 있다고 가정하고 논의를 전개한다.

2. 순수월세, 보증부월세, 전세의 수익구조

현재 시장에서 관측되고 있는 보증부월세 계약조건들을 살펴보면 보증금의 비중이 표준화되어 있기보다는 가능한 모든 보증금의 비중이 망라되어 있는 넓은 스펙트럼을 유지하고 있다(이창무 · 정의철 · 이현석, 2002). 이러한 시장에서 존재하는 보증금 비중의 넓은 스펙트럼을 인정한다면, 순수월세나 전세 모두 보증부월세시장의 양극단에 위치한 계약형태라고 볼 수 있다. 즉, 순수월세는 보증금이 없고, 그 대신 가장 높은 월세를 요구하는 보증부월세의 한 극단의 계약유형이고, 반면에 전세는 월세를 포기하는 대신 가장 높은 보증금을 요구하는 보증부월세의 또 다른 극단의 계약유형이라고 볼 수 있다.

이러한 많은 유형의 계약 형태가 시장에서 공존하고 있는 현상을 단지 순수월세로 수렴하기 전의 과도기적인 현상이라고 보기에는 어려운 측면이 많다. 이보다는 초장기적으로 순수월세로 수렴되고 있는지는 여전히 의문이나 현재 공존하고 있는 다양한 계약들이 단기적인 관점에서 왜 공존할 수 있는지, 그렇다면 그 균형조건은 무엇인지가 좀 더 의미 있는 질문일 수 있다. 그러한 균형을 논의하는 데 있어 좀 더 행태적인 관점에서 접근하면 임대인과 임차인의 관점에서 차별화될 수 있다. 아직 임대인의 행태와 임차인의 행태를 포괄하는 균형모형의 개발은 이루어지지 못한 단계이다. 그러나 다양한 특성을 지닌 주체들 간의 경쟁에 있어 시장의 균형을 만들어 내는 일차적인 조건은 우선적으로 공급자들 간의 경쟁에 따른 균형조건이 분석된다.

본 연구에서도 우선은 임대인의 관점에서 해석하도록 하자. 시장에서 관측되는 보증금과 월세 간의 관계의 스펙트럼은 임대인 측면에서 계약구조에 관계없이 투자한 금액에 대해 동일한 총수익률을 보장받아야 이러한 스펙트럼이 보증부월세시장의 균형조건에서도 존재할 수 있다. 만일 한 임대인이 다른 임대인에 비해 높은 수익률을 달성할 수 있

그림 2-5 보증금 운영방식에 따른 수익구조

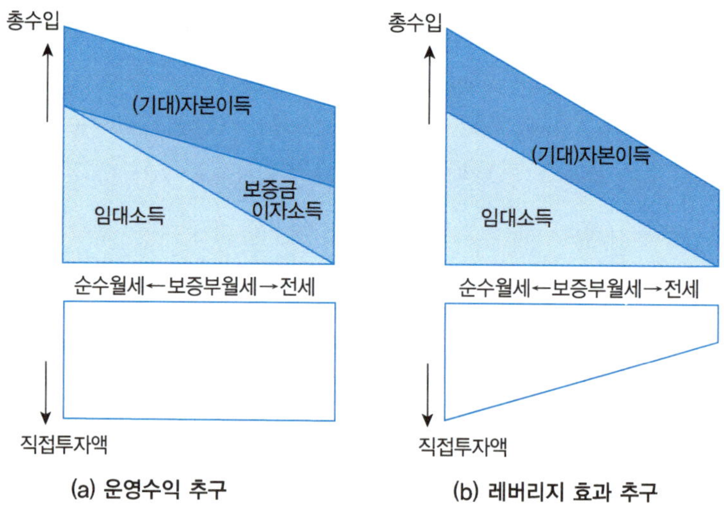

자료 : 이창무 · 이재우(2008).

는 임대계약 조건을 제시한다면 임차인들은 좀 더 낮은 비용을 지불할 수 있는 다른 임대인이 제공하는 임대주택을 계약할 것이기 때문이다. 이는 다수의 공급자와 다수의 수요자가 경쟁하는 자유시장경제의 가장 기본적인 균형조건을 형성한다. 결과적으로 임대인 간의 수익률의 편차가 존재하지 않는 상황이 시장의 균형조건으로 형성된다.

[그림 2-5]는 두 가지 형태의 수익구조를 나타낸다. [그림 2-5a]는 전통적으로 이해해 온 것과 같이 보증금을 운영하여 이자소득을 얻는 수익구조이며 [그림 2-5b]는 보증금을 레버리지 효과를 얻기 위한 것으로 가정한 수익구조이다.

그림에서 볼 수 있는 바와 같이 양극단에 순수월세와 전세가 위치하고 그 중간에 시장에서 이루어지는 보증부월세의 스펙트럼이 존재하며 보증금의 비중에 따른 총수입과 총투자금액의 변화가 표현되었다. [그림 2-5a]에서 투자자는 투자에 관련된 모든 비용(총투자금액)을 자기자본으로 조달하여 주택을 구입한 후 해당 주택을 임대하면서 얻은 보증금을 시장이자율로 운영하는 것을 가정한다. 순수월세의 경우 총수입은 임대소득과 기대자본이득으로 구성된다. 전세의 경우는 전세금에 대한 이자소득과 기대자본이득이 총수입을 구성한다. 그리고 보증부월세의 경우 총수입은 보증금에 대한 이자소득, 월세로 지불받는 임대소득, 그리고 미래에 기대되는 자본이득으로 구성된다.

순수월세에서 보증부월세로 이전되면서 보증금의 규모가 증가하고 임대소득이 감소하게 되며 그 감소하는 정도는 전월세전환율에 의존한다. 한편 보증금의 규모가 증가하면서 이자소득이 증가하고 그 비율은 시장이자율에 의존한다. 전월세전환율과 시장이자율이 동일하다면 임대소득의 감소분은 이자소득의 증가분과 동일할 것이며 따라서 어떠한 스펙트럼에 위치하는가에 관계없이 총수입도 동일해야 할 것이다. 그러나 시장에서 관측되는 전월세전환율은 시장이자율을 크게 상회한다. 따라서 보증금을 증가시킬수록 증가되는 보증금의 이자소득에 비해 훨씬 큰 폭으로 월세수입이 줄어들게 된다.

[그림 2-5a]와 같이 스펙트럼상에 나타나는 계약형태에 따라 투자한 금액(주택구입가격)에 대한 동일한 총수익률이 보장되지 않는다면 계약형태는 장기적으로 가장 높은 투자수익률을 제공하는 순수월세로 수렴되어야 한다. 그러나 현실적으로 월세의 수십 배나 되는 보증금의 존재, 그리고 보증부월세의 다양한 스펙트럼이 지속적으로 존재하고 있는 것은 전통적으로 이해해 온 바와 같이 이자소득을 보증금의 운영수익으로 이해하기가 힘듦을 말해준다.

[그림 2-5b]는 투자자가 보증금을 자기투자자본을 줄이는 데 이용하는 경우의 수익구조이다. 투자자는 스스로 동원가능한 자기자본과 임차인으로부터 획득할 수 있는 보증금을 이용하여 주택을 구입한다. 총투자금액이 투자자의 자기자본과, 보증금의 형태로 임차인으로부터 차입한 부채로 구성된다. 투자자는 임차인으로부터 보증금을 부채의 형태로 차입하는 대신 이에 대한 대가로 전세의 경우 순수월세 전액, 보증부월세의 경우 보증금에 해당하는 부분만큼의 순수월세를 이자를 지불하는 대신 면제해 준다.

이 경우에도 구입한 주택의 매각에 따라 발생하는 자본이득은 계약형태에 관계없이 동일하게 유지된다. 전세의 경우 기대되는 총수입은 자본이득으로만 구성되며 순수월세와 보증부월세의 경우 총수입은 임대소득과 자본이득으로 구성된다. 그리고 보증부월세의 보증금규모가 증가할수록 전월세전환율에 따라 임대소득은 감소하게 된다. 따라서 앞의 [그림 2-5b]의 경우와 같이 보증금이 증가함에 따라 기대되는 수입도 감소하지만 자기투자금액도 함께 감소한다. 즉 순수월세의 경우는 투자금액이 많은 만큼 총수입도 많지만, 전세의 경우는 총수입이 적은만큼 투자금액도 적게 된다.

이와 같이 레버리지 효과를 고려하면 순수월세와 전세를 포함한 어떠한 스펙트럼을 선택하든지 직접투자액에 대한 투자수익률은 동일할 수 있다. 이러한 해석은 보증부월세시장의 균형에서도 다양한 계약 형태가 존재할 수 있음을 보여주며 보증부월세시장의 구조를 파악하는 실마리를 제공한다.

제3장

국내 주택임대시장에 대한 구조적 해석

제1절 보증부월세시장 구조 분석

제2절 일반균형모형 개발을 위한 제언

제 3 장

국내 주택임대시장에 대한 구조적 해석

제2장에서 논의한 바와 같이 투자자가 전세금 또는 보증금을 주택구입자금을 줄이기 위해 사용하는 경우 투자자는 레버리지 효과를 얻을 수 있다. 아래에서는 이러한 운영방식을 가정하여 전세와 순수월세를 포함하는 포괄적인 보증부월세시장의 구조를 분석하고자 한다.

제 1 절 보증부월세시장 구조 분석

국내 주택시장의 효율성에 대한 기존의 연구들은 한국의 주택시장에 지속적으로 초과수익률이 존재해 왔으며, 이를 주택시장의 비효율성에 대한 근거로 제시하고 있다(김관영, 1988; 김경환, 1989). 비효율적인 주택시장을 분석하기 위해 기타 자본시장과의 균형조건, 즉 기타 자본시장에서의 수익률과의 균형조건을 도입하는 것은 국내의 현실적인 주택시장을 분석하는 데 있어 무리가 따를 수 있다. 따라서 본 분석은 주택시장의 비효율성을 인정하고, 주택시장에의 부분균형조건으로 직접투자금에 대한 기대총수익률이 외생적으로 주어지며 주택임대시장에서 관측되는 계약의 모든 스펙트럼은 그러한 기대총수익률을 만족시키는 부분시장균형을 유지하고 있다고 가정한다. 또한, 논의의 편의를 위해 동일한 특성의 주택으로 구성되어 있는 임대시장을 가정한다. 여기서 동일하다는 것은 주택의 구조적 특성뿐만 아니라 위치적 특성도 동일하다는 것을 의미한다. 따라서 투자대상이 되는 임대주택의 구입가격은 동일하다.

1. 레버리지 모형

앞에서 설명한 레버리지 가설에 따른 논의에 앞서 기존의 운영소득 가설에 따른 수익구조를 모형화해 보자. 앞 장의 [그림 2-5a]는 보증금에 대한 시장이자율을 추구하는 수익구조로서 운영소득 추구 가설을 설명한다. 이러한 구조하에서는 어떤 임대계약 형태이든 상관없이, 임대인은 총투자비용을 자기자본으로 조달하여 주택을 구입하며, 임대를 통해 계약기간 동안 동일한 운영수입을 기대한다. 그러나 임대인 수입의 구성은 계약방법에 따라 달라진다. 예를 들어 순수월세계약의 경우 임대인의 수입은 매달 월세수입과 주택을 매각할 때 발생하는 기대자본이득으로 구성된다. 전세의 경우에는, 전세금에 대한 이자소득과 기대자본이득이 총수입이 된다. 그리고 보증부월세의 경우, 총수입은 보증금에 대한 이자소득과 월세수입, 기대자본이득의 합이다. 이와 같은 운영소득 추구 방식에 따른 보증금의 활용을 가정하면 다양한 계약조건의 공존을 위한 부분시장균형조건(동일한 수익률)은 다음의 수식으로 정리된다.

$$\frac{R(D)+i_m \cdot D+a_e \cdot P}{P}=\overline{r}_e \tag{1}$$

여기서 $R(D)$는 보증금 D의 선택에 따라 달라지는 연세(일년치 월세), P는 구입가격, i_m은 시장이자율, a_e는 기대가격상승률이며, $\overline{r}_e$는 계약 형태와 무관하게 요구되는 기대수익률이 된다. 이 식을 R에 대하여 풀고 보증금 한 단위를 줄일 때 요구되는 연세의 증가분을 의미하는 전월세전환율(보증금-월세 전환율) $-\partial R/\partial D$를 산정하면 시장이자율 i_m이 된다. 그러나 이미 언급하였듯이 시장에서 관측되는 전월세전환율은 시장이자율보다 지속적으로 높다. 결국 운영소득가설에 따른 모형은 현실에서 관측되는 현상을 설명하지 못하는 문제점을 발생시킨다.

다음으로 최근 적지 않은 연구의 기초가 되어 온 레버리지 가설을 살펴보도록 하자. 레버리지 가설은 투자자가 전세금이나 보증금을 주택구입비용을 줄이기 위한 레버리지 효과 추구 방식으로 활용한다는 것을 가정한다. 이 경우 기대되는 수입은 임대계약시점에서 결정된 월세로부터 환산된 연세 R과 미래에 기대되는 자본차익 $a_e P$이다. 반면 임대인의 직접적인 투자금액은 구입가격 P에서 보증금 D를 제외한 $P-D$가 된다. 이와 같은 이해를 바탕으로 순수월세와 전세를 포괄하는 보증부월세의 수익구조를 D에 따른 기대수익률 함수 $r_e(D)$로 구성하면 다음 식과 같다.

$$r_e(D) = \frac{R(D) + a_e P}{P - D} \tag{2}$$

이러한 구조에서는 앞의 [그림 2-5b]에서 설명하였듯이 전세로 갈수록 총수입이 감소하나 직접투자금액 또한 감소함으로 동일한 기대투자수익률이 임대계약 형태에 무관하게 유지될 가능성이 있다. 따라서 임대계약 형태(보증금의 비중)에 상관없는 동일한 자기자본 기대수익률 $\overline{r}_e$가 보장된다고 가정하고, 이를 기초로 시장균형조건으로 도입하면 다음 식과 같이 구성된다.

$$\frac{R(D) + a_e P}{P - D} = \overline{r}_e \tag{3}$$

위의 식을 $R(D)$에 대하여 풀고 D에 대한 편미분을 계산하면 식 (4)와 같이 전월세전환율(보증금-월세 전환율)은 임대인의 자기자본 기대수익률과 같아진다.

$$-\frac{\partial R}{\partial D} = \overline{r}_e \tag{4}$$

결국 전월세전환율은 다양한 계약 형태 중 순수월세 시의 기대수익률과도 같아짐으로 식 (2)에서 순수월세의 경우를 산정하면 잠재자본환원율(순수월세 시의 잠재임대소득수익률)과 기대가격상승률(자본수익률)의 합으로 구성된다.[1)]

1) 이와 같은 자본환원율은 임대와 관련된 비용을 고려하지 않은 단순한 가정에 기초하므로 잠재자본환원율이라는 용어를 사용한다.

$$-\frac{\partial R}{\partial D} = r_e(0) = \frac{R(0) + a_e P}{P} = \frac{R_0}{P} + a_e \qquad (5)$$

위 식에서 편의상 순수연세(순수월세×12) $R(0)$를 R_0로 표기하였다. 이와 같은 관계에 기초하여 전세 및 전세와 연결된 관계지표인 전세/매매가 비율의 결정기제를 해외의 2차원적 주택시장의 지표인 가격 P, 순수연세 R_0 및 자본환원율 R_0/P로 표현하면 다음의 〈표 3-1〉과 같다.

표 3-1 전세 및 전세관련 시장지표의 결정구조

시장지표	관계식
전세(C)	$C = \dfrac{R_0}{\frac{R_0}{P} + a_e}$
전세/매매가 비율(C/P)	$C/P = \dfrac{1}{1 + \frac{a_e}{R_0/P}}$
전월세전환율($-\partial R/\partial D$)	$-\dfrac{\partial R}{\partial D} = \dfrac{R_0}{P} + a_e$

이 결과표를 해석하면 전세는 기존의 이해처럼 월세와 유사한 임대료의 성격을 지니기보다는 매매시장의 기대가격상승률에 영향을 받은 순수월세와 매매가의 중간적인 성격을 지니게 된다. 또한 다른 것이 모두 동일할 때 전세는 순수월세가 높을수록 그리고 가격이 높을수록 높아지지만, 기대가격상승률이 높거나 자본환원율이 높을수록 낮아지게 된다. 만일 장기적으로 자본환원율이 시장이자율에 영향을 받아 결정된다면 다른 것이 모두 동일할 때 이자율이 높아질수록 전세는 낮아진다는 해석도 가능하다.

같은 방식으로 전세/매매가 비율은 기대가격상승률이 낮을수록 그리고 자본환원율이 높을수록 높아지게 된다. 또한 전월세전환율은 자본환원율과 기대가격상승률의 합으로 구성되어 두 지표가 높을수록 전월세전환율도 높아지게 된다. 또한 자본환원율이 자본시장과의 장기균형을 추구하는 과정에서 이자율과 유사한 추세를 보인다면 이자율이 높아질수록 전월세전환율이 높아진다고 해석할 수 있다.

그림 3-1 레버리지 가설에 따른 보증금과 월세의 균형

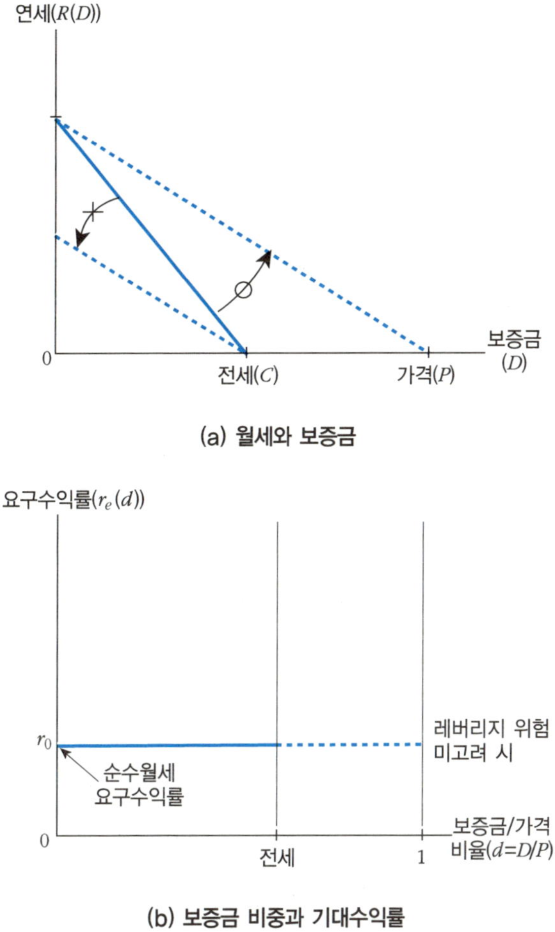

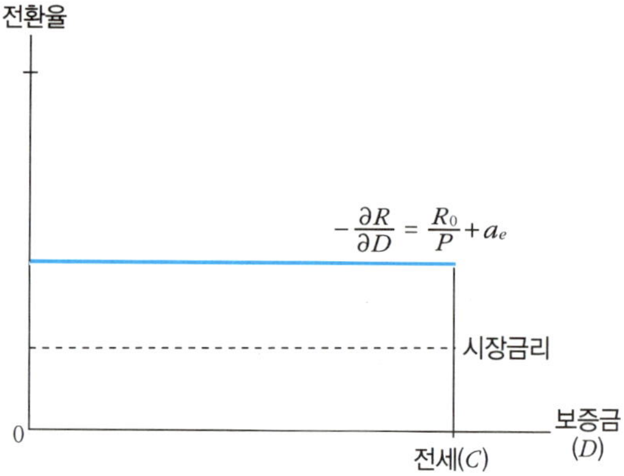

(c) 전환율과 보증금

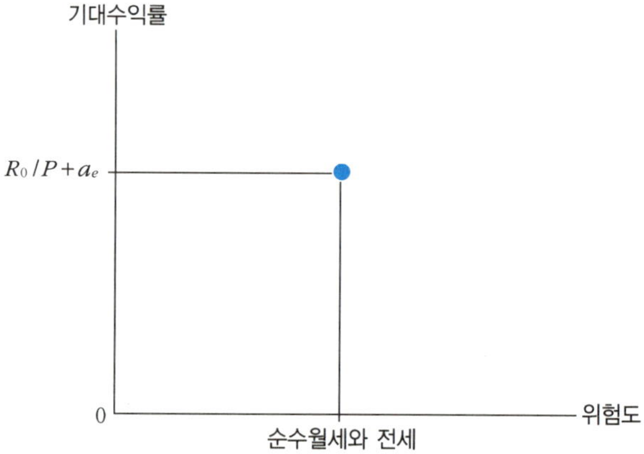

(d) 리스크와 기대수익률

이런 관계 속에서 시장균형조건으로 요구되는 전환율은 하부시장의 기대투자수익률에 따라 달라질 수 있으며, 시장금리 수준보다 높게 형성될 수 있다(그림 3-1c). 전환율의 변화에 따른 시장임대료 균형의 변화는 일반적으로 이해되는 것과 달리, 전환율이 낮아지면 월세가 낮아지는 것이 아니라 전세가 높아져 가격에 수렴하게 된다[그림 3-1a]. 이는 전환율의 변화 시 변동성이 심한 전세를 축으로 하여 시장균형이 달라지는 것이 아니라 자본환원율과 이자율의 관계 속에서 상대적으로 안정적인 월세를 축으로 새로운 시장균형이 달성되기 때문이다. 따라서 이 경우 전환율의 하락은 전반적으로 임대료의 부담을 증가시키는 방향으로 영향을 미치게 되며, 전환율이 자본환원율(혹은 시장이자율)에 근접한다는 이야기는 전세가 매매가격에 근접한다는 의미가 된다. 추가적으로 기본적인 레버리지 가설은 보증금에 무관한 요구수익률을 가정하였으므로 [그림 3-1b]의 관계가 유지되며, 레버리지와 관련된 리스크의 변화를 수용하지 않아 보증금 비중에 상관없이 [그림 3-1d]와 같이 동일한 리스크의 동일한 기대수익률이 유지되는 관계가 형성된다.

2. 레버리지 위험을 고려한 레버리지 가설

이렇듯 기존 레버리지 가설에 입각한 이론적인 분석은 보증부월세의 작동기제에 명쾌한 해석을 제공하는 듯하다. 그러나 기존 레버리지 가설의 가장 핵심적인 문제점은 가정으로 검증 없이 시장균형조건으로 도입된 보증금 비중에 무관한 동일한 자기자본 요구수익률이 보장되는가이다. 이창무 · 정의철 · 이현석(2002) 및 이후의 파생된 연구도 보증부월세와 전세 간에 동일한 자기자본 기대수익률이 유지된다는 직접적인 증거를 제시하지 못하였다. Lee and Chung(2010)은 레버리지 가설의 간접적인 증거로 전월세전환율이 시장이자율보다는 기대가격상승률에 영향을 받는다는 실증분석결과를 보고하고 있으나, 이 또한 레버리지 가설에 입각한 시장균형조건에 대한 직접적인 증거로는 불충분하다. 또한 최근 연구로 임재만(2011)은 보증금 비중의 선택에 따라 투자수익률이 상이함을 이론적 · 실증적으로 보고하고 있다.

이와 같은 단순한 가정이 간과하고 있는 점은 보증금의 비중을 높임에 따라 투자자로서의 임대인이 직면하는 위험도가 다를 수 있다는 것이다. 즉 보증금 비중이 증가하여 레버리지 비율이 높아질수록 가격변동성에 따른 자기자본 투자수익률의 변동성이 커짐으로 레버리지 위험이 증폭된다는 점이다. 이러한 레버리지 비율의 증가에 따른 리스크의 증가는 일반적인 은행 차입이라는 레버리지를 활용하는 투자의 경우와 동일하다. 따라서 보증금 비중에 대한 다양한 선택이 시장에서 공존하기 위해서는 보증금 비중을 높임에 따라 발생하는 위험의 증가를 보상해 줄 수 있을 만큼 추가적으로 높은 기대수익률이 보장되어야 한다. 어떻게 보면 너무나 당연한 레버리지 추구 시 요구되는 기대수익률의 상승과 그에 따른 위험도의 증가를 기존 레버리지 가설에서는 간과하고 있었다고 볼 수 있다.

이와 관련하여 이창무 · 이상영 · 안건혁(2003)은 서울시 아파트의 보증부월세자료를 이용한 분석에서 보증금이 전세의 절반을 상회하는 경우 위험프리미엄이 존재함을 보였다. 결국 보증금의 비중에 따른 위험프리미엄의 존재는 기존의 레버리지 가설이 전제하고 있던 임대시장의 부분균형조건으로서의 보증금 비중에 무관한 자기자본 기대수익률의 동일성 가정의 보완을 요구한다.

이러한 문제점을 예를 통해 살펴보자. 앞에서 제시된 기대수익률의 동일성에 가정의 적합성을 살펴보기 위해 사후적으로 실현된 가격상승률이 다를 경우 실현된 투자수익률의 변화를 시뮬레이션을 통해 살펴보

자. 시뮬레이션을 위해 세 가지 즉 0%, 10%, 20%의 가격상승률을 가정한다. 각각의 경우는 1/4, 1/2, 1/4의 확률로 발생한다고 가정하자. 기타 가정은 현실적인 수준을 반영하여 순수월세 시 잠재자본환원율 5%, 전월세전환율 10%, 매매가대비 전세가는 50%로 가정한다. 주택시장의 순수월세, 전세, 매매가 간의 관계지표인 자본환원율, 전월세전환율, 전세/매매가 비율은 독립적이 아니라 임대소득수익률(잠재자본환원율) = 전월세전환율×매매가대비 전세 비율의 선형적인 관계가 유지된다. 예를 들어 매매가대비 전세가 비율이 30%로 감소하면 임대소득수익률이 5%로 유지되기 위해서는 전월세전환율이 16.67%로 상승해야 한다. [그림 3-2]는 각 경우의 수입과 비용을 구입가격대비 비율(%)로 표현하여 제시하였다. 다만 비용구조는 세 가지 가격상승률의 경우 모두 동일하다.

우선 0% 매매가격상승 시 순수월세를 선택하면 주택가격대비 5%의 임대소득만이 발생하여 총수익률은 5%가 된다. 그러나 보증금의 비중을 증가시킬수록 임대소득수익률은 감소하여, 전세를 선택하면 임대소득수익률이 0%가 되어, 자본수익률이 0%임으로 자기자본 총수익률은 0%가 된다.

다음으로 10% 매매가격상승 시 순수월세의 경우 동일한 임대소득수익률 5%에 자본수익률이 10%임으로 투자수익률은 15%가 된다. 그러나 전세를 선택하는 경우는 10%의 매매가격상승률이 레버리지 효과에 의해 증폭되어 20%의 투자수익률이 달성된다. 마지막으로 20% 매매가격상승 시 순수월세의 경우 동일한 임대소득수익률 5%에 자본수익률이 20%임으로 투자수익률은 25%가 된다. 그러나 전세를 선택하는 경우는 20%의 매매가격상승률이 레버리지 효과에 의해 증폭되어 40%의 투자수익률이 달성된다. 앞의 세 가지 경우에서 살펴보았듯이 매매가격상승

그림 3-2 매매가격상승률 차이에 따른 투자수익률 변화

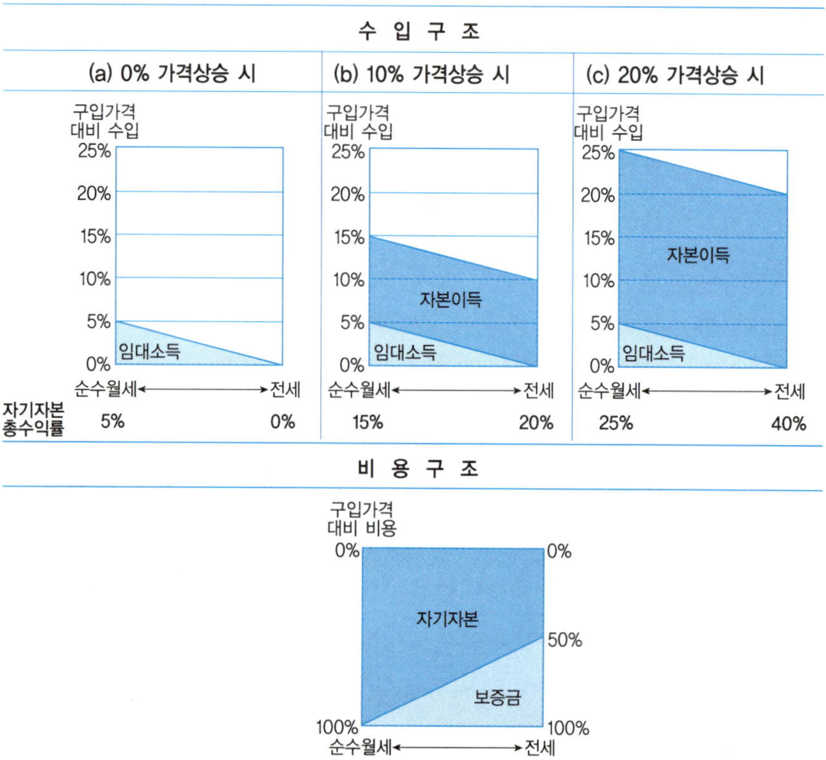

자료 : 이창무(2012a).

률이 0%인 경우는 순수월세의 투자수익률 5%가 전세의 투자수익률 0%보다 높다. 반면 매매가격상승률이 10%, 20%의 경우는 전세의 투자수익률(각각 20%, 40%)이 순수월세(각각 15%, 25%)에 비해 더 높다. 즉 매매시장의 상황에 따라 순수월세의 사후 투자수익률이 높기도 하고 전세의 사후 투자수익률이 높기도 한 양방향적인 수익률의 차이가 발생한다.

그러나 장기적인 관점에서 0%의 매매가상승률의 경우가 1/4, 10% 매매가상승률의 경우가 1/2, 20% 매매가상승률의 경우가 1/4의 확률로 발생한다고 가정하였음으로 투자수익률의 기댓값은 순수월세의 경우는 15%, 전세의 경우는 20%로 전세의 경우가 높게 된다. 그러나 시뮬레이션 결과에서 인지할 수 있듯 전세의 경우 투자수익률의 편차가 순수월세에 비해 크다. 투자수익률의 표준편차를 계산하면 순수월세의 경우는 7.07%, 전세의 경우는 14.14%로 전세의 경우 두 배의 위험도가 산출된다.[2)]

이러한 시뮬레이션 결과는, 기존 레버리지 가설에서 가정하고 있는 보증금 비중에 무관한 투자요구수익률에 대한 가정은 수정되어야 함을 말해 준다. 즉, 보증금 비중에 대한 다양한 선택이 시장에서 공존하기 위해서는 보증금 비중을 높임에 따라 발생하는 위험의 증가를 보상해 줄 수 있을 만큼 높은 기대수익률이 보장되어야 한다는 것이다. 어찌보면 너무나 당연한 레버리지 추구 시 요구되는 기대수익률의 향상과 그에 따른 위험도의 증가를 기존 레버리지 가설에서는 간과하고 있었다고 볼 수 있다.

레버리지 위험을 고려한 레버리지 가설을 제시한 이창무(2012a)의 연구에서 상세하게 제시되어 있는 세부적인 유도과정은 생략하고 도출된 시장균형조건을 제시하면 다음 식과 같다.

---

2) 순수월세의 기대수익률 : 0.25×5%+0.5×15%+0.25×25%=15%;
전세의 기대수익률 : 0.25×0%+0.5×20%+0.25×40%=20%;
순수월세 시 투자수익률 표준편차 : $(0.25\times(5\%-15\%)^2+0.5\times(15\%-15\%)^2+0.25\times(25\%-15\%)^2)^{1/2}=7.07\%$;
전세 시 투자수익률 표준편차 : $(0.25\times(0\%-20\%)^2+0.5\times(20\%-20\%)^2+0.25\times(40\%-20\%)^2)^{1/2}=14.14\%$.

$$r_e(D) = \frac{R(D) + a_e P}{P - D} = r_0 + \alpha\sigma_a \frac{D}{P - D} \quad (6)$$

여기서 r_0는 순수월세 시의 평균적인 기대수익률, σ_a는 가격변동성(가격상승률의 표준편차), α는 단위리스크에 요구되는 위험프리미엄을 나타낸다. 따라서 보증금의 비중을 높임에 따라 요구되는 위험프리미엄이 레버리지 비율 $D/(P-D)$에 비례하여 증가하는 구조가 형성된다고 이해할 수 있다. 이를 보증금 D의 증가에 따른 요구수익률의 변화로 해석하면 요구수익률이 체증적으로 증가하는 관계를 의미한다.

부동산114(주)에서 제공되는 서울시 아파트의 전월세 시세자료(2003~11년)를 이용하여 전세대비 보증금 비중별로 실현된 연간수익률을 분석한 자료(표 3-2)를 살펴보면 순수월세는 평균수익률이 10.8%인데 반해 전세의 평균수익률은 12.5%로 나타난다. 보증금 비중의 증가에 따라 발생하는 투자수익률의 변화 양상을 살펴보면 보증금 비중이

표 3-2 전세대비 보증금 비중에 따른 총수익률 평균과 표준편차(2003~11년)

구분	지표	전세대비 보증금 비중					
		0%(=순수월세)	20%	40%	60%	80%	100%(=전세)
총수익률	평균	10.8%	11.0%	11.2%	11.6%	12.0%	12.5%
	표준편차	8.4%	9.1%	10.0%	11.1%	12.4%	14.1%
임대수익률	평균	3.6%	3.1%	2.6%	1.9%	1.1%	0.0%
	표준편차	0.7%	0.7%	0.6%	0.5%	0.3%	0.0%
자본수익률	평균	7.2%	7.9%	8.7%	9.6%	10.9%	12.6%
	표준편차	8.2%	8.9%	9.8%	10.9%	12.3%	14.1%

자료 : 이창무(2012a).

20%씩 증가함에 따라 투자수익률의 상승폭도 점점 커지는 것을 알 수 있다. 즉 앞의 모형식에서 도출된 체증적으로 증가하는 투자수익률의 구조가 현실에서 관측된다고 할 수 있다.

이와 동반하여 수익률의 표준편차로서의 리스크는 순수월세의 경우 8.4%인 데 반해 전세의 경우는 14.1%로 크게 증가한다. 이러한 수익률의 편차 및 변동성을 결정하는 가장 큰 요소는 가격변동에 따른 자본수익률임을 또한 알 수 있다. 실증적인 분석결과 역시 보증금 비중이 증가함에 따라 기대수익률과 레버리지 위험이 함께 증가하는 이론적인 수익률-리스크 구조를 반영하는 패턴을 보여준다.

이와 같은 보증금 비중에 따른 리스크와 기대수익률의 관계를 수익률-리스크 평면에 작도하면 [그림 3-3]과 같다. 이는 임대인의 위험회피도에 따라 최적의 보증금 비중의 선택이 달라질 수 있음을 보여준다. 흥미롭게도 추정이 가능한 기간인 2009년 9월부터 2011년 11월까지의 전

그림 3-3 보증금 비율 증가에 따른 투자수익률과 위험도

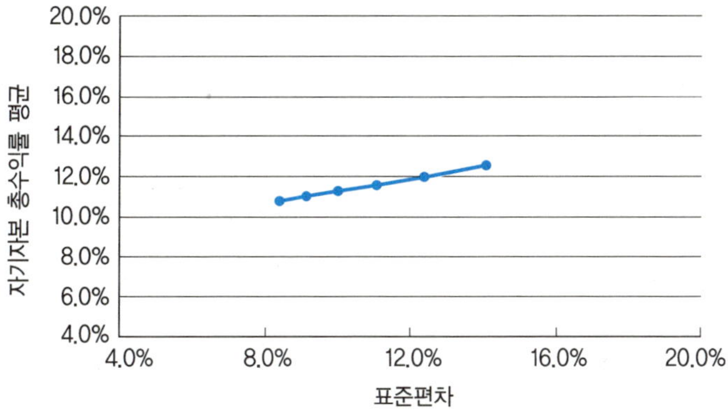

자료 : 이창무(2012a).

월세전환율을 산정하면 이론식에 의해 추정된 전월세전환율의 평균적인 수준은 8.1%이고, 시장에서 관측된 전월세전환율은 7.9%로 유사한 수준을 보인다.

다음으로 시장지표 간의 관계를 도출하기 위해 시장균형식 (6)을 $R(D)$에 대하여 풀어 순수월세와 전세의 관계와 전월세전환율($-\partial R/\partial D$)을 산정하면 다음 〈표 3-3〉과 같아진다.[3] 레버리지 리스크를 고려한 관계식을 해석하면 기존 레버리지 가설의 경우와 같이 다른 모든 것이 동일할 때, 전세는 순수월세가 높을수록 그리고 가격이 높을수록 높아지지만, 기대가격상승률이 높을수록 자본환원율이 높을수록 낮아지게 된다. 다만 가격변동성이 큰 시장일수록 추가적인 영향을 받아 전세가 높아지게 된다. 같은 방식으로 전세/매매가 비율은 기대가격상승률이 낮을수록, 그리고 자본환원율이 높을수록, 또한 매매시장의 가격변동성이 큰 시장이 될수록 높아지게 된다. 또한 전월세전환율은 자본환원율과 기대가격상승률이 높을수록, 그러나 가격변동성이 낮은 시장일수록 높아지게 된다.

표 3-3 레버리지 리스크를 고려한 전세 및 전세관련 시장지표의 결정구조

시장 지표	관계식
전세	$C=\dfrac{R_0}{\dfrac{R_0}{P}+a_e-\alpha\sigma_a}$
전세/매매가 비율	$C/P=\dfrac{1}{1+\dfrac{a_e-\alpha\sigma_a}{R_0/P}}$
전월세전환율	$-\dfrac{\partial R}{\partial D}=\dfrac{R_0}{P}+a_e-\alpha\sigma_a$

3) 관련 유도과정은 이창무(2012a) 참조.

각 시장지표 간의 관계를 그래프로 표현하면 아래 [그림 3-4]와 같다. 레버리지 위험이 고려된 전월세전환율은 위험을 고려하지 않은 전월세전환율보다 낮은 수준에서 결정된다(그림 3-4c). 따라서 동일한 순수월세에 대응하는 전세나 보증부월세의 수준은 오히려 높아지게 된다(그림 3-4a). 앞에서 언급한 것처럼 전환율이 낮아진다는 이야기는 순수

그림 3-4 레버리지 위험이 도입된 보증금과 월세의 균형

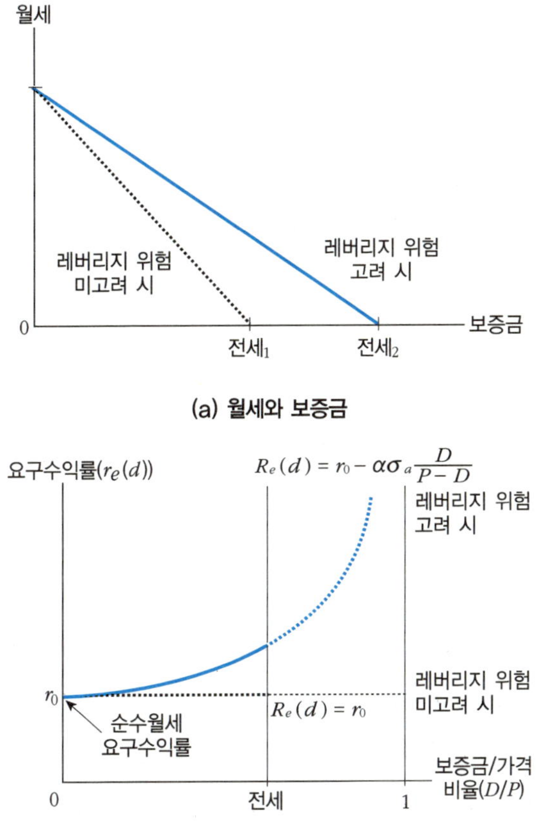

(b) 보증금 비중과 기대수익률

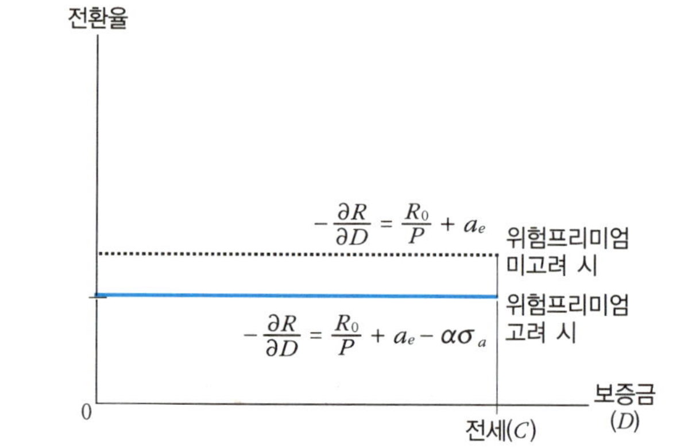

(c) 전환율과 보증금

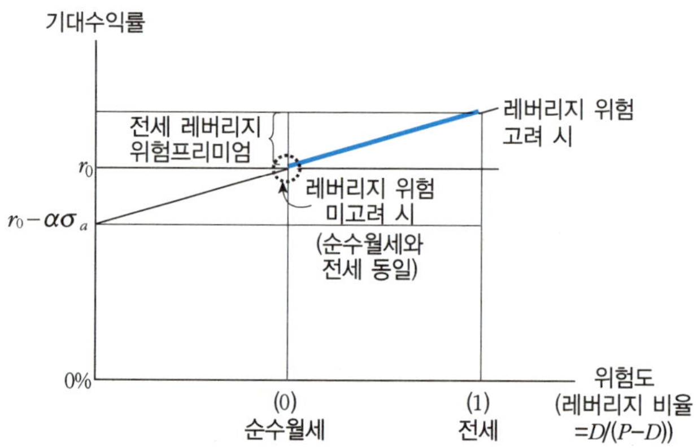

(d) 리스크와 기대수익률

월세를 축으로 할 때 모든 보증금 구간에서 임대료의 전반적인 상승을 의미한다. 즉 위험프리미엄을 추가적으로 고려할 때 전환율이 낮아짐으로써 임대료의 전반적인 상승이 유발되어 리스크 증가에 따른 임대인의 수익률이 보상받게 된다. 보증금 비중의 증가에 따른 요구수익률은 [그림 3-4b]와 같이 체증적으로 증가하는 관계를 지니며, 보증금 증가에 따라 발생하는 레버리지 리스크의 증가는 [그림 3-4d]와 같이 시장균형을 달성하기 위해 비례하는 요구수익률의 증가를 동반하게 된다.

이창무(2012b)는 이러한 레버리지 리스크를 고려한 임대시장의 균형모형에 기초하여 임대인의 특성에 따른 보증금 비중의 선택기제를 모형화하고 실증분석을 실시하였다. 이론적인 기제는 앞의 설명과 같이 다양한 보증금 비중의 보증부월세 및 전세가 공존하기 위해서는 [그림 3-5]와 같이 보증금 비중이 증가함에 따라 요구수익률도 증가하고, 동시에 리스크도 함께 증가하는 양상이 발생한다. 이러한 공급자의 시장균형조건에 부과되어 투자자로서의 개별 임대인은 자신의 투자효용을 극대화할 수 있는 기대수익률과 리스크의 조합을 선택한다. 결과적으로 위험을 더 기피하는 임대인일수록 보증금의 비중을 낮추게 된다(그림 3-5a). 또한 전세가가 상승하여 매매가대비 전세가의 비율이 높아질수록 자연스럽게 전세대비 보증금의 비중을 낮추는 선택이 이루어진다. 그리고 매매시장의 안정화로 기대수익률이 낮아지거나 가격상승에 대한 불확실성이 커질수록 전세대비 보증금의 비중을 낮추는 선택을 하게 된다(그림 3-5b).

또한 이창무(2012b)는 장기시계열의 노동패널자료에서 임대인의 임대계약에 대한 자료를 추출하여 시장상황의 영향을 함께 고려한 실증모형을 분석하였다. 분석결과는 임대인의 연령이 높을수록, 다세대 다가구와 같은 소유주택의 부분임대사업자일수록, 즉 위험을 기피하는 성향이 강한 임대인일수록 낮은 보증금 비중을 선택함을 보고하고 있다. 또한 주택가격상승에 대한 기대치가 낮을수록 그리고 가격변동성이 클수록 낮은 보증금 비중의 선택이 이루어짐을 보고하고 있다. 해당 연구에서 제시된 회기분석 결과를 대신하여 회기분석에 활용된 노동패널

그림 3-5 임대인의 보증금 비중 선택기제

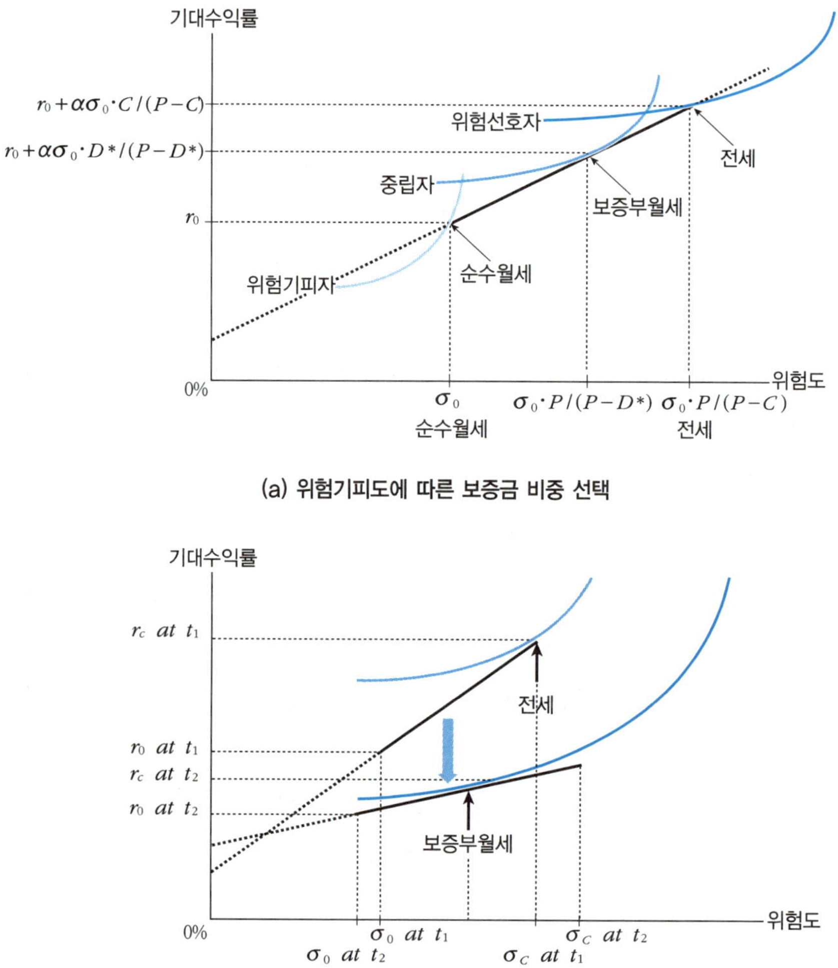

(a) 위험기피도에 따른 보증금 비중 선택

(b) 매매시장 안정화에 따른 보증금 비중 선택

자료 : 이창무(2012b).

(1998~2009년)자료에서 추출된 기초통계로 임대가구유형별 보증금 비중의 선택기제를 살펴보면 〈표 3-4〉와 같다.[4]

표 3-4 임대인 특성별 임대계약유형

구 분		보증금 비중(%)					
		순수월세	전세의 10% 미만	전세의 10~80%	전세의 80% 이상	전세	계
임대 유형	부분임대	158(7.31)	130(6.02)	774(35.83)	112(5.19)	986(45.65)	2,160(100.0)
	분리가구	9(0.75)	18(1.50)	122(10.14)	15(1.25)	1,039(86.37)	1,203(100.0)
	다주택자	27(2.19)	37(3.00)	346(28.04)	30(2.43)	794(64.34)	1,234(100.0)
임대자 연령	39세 이하	8(1.06)	13(1.72)	104(13.72)	11(1.45)	622(82.06)	758(100.0)
	40~64세	105(3.74)	86(3.06)	723(25.74)	103(3.67)	1,792(63.79)	2,809(100.0)
	65세 이상	81(7.86)	86(8.35)	415(40.29)	43(4.17)	405(39.32)	1,030(100.0)
계		194(4.22)	185(4.02)	1,242(27.02)	157(3.42)	2,819(61.32)	4,597(100.0)

자료 : 이창무(2012b).

이러한 분석결과는 향후 인구노령화에 따라 임대사업자의 연령이 높아지고 시장안정화에 따라 분리가구가 감소하고 성장기와 달리 가격상승에 대한 기대치가 지속적으로 안정화되는 추세를 감안하면, 점차적으로 월세의 비중이 높은, 역으로 보증금 비중이 낮은 임대계약의 비중을 높이고자 하는 임대인의 압력이 지속적으로 작용하는 시장이 형성될 것임을 시사한다.

4) 노동패널자료를 이용한 보증금 비중 선택모형의 추정결과는 이창무(2012b) 참조.

3. 월세미납위험을 고려한 시장균형

앞서 살펴본 것과 같이 전월세전환율이 기대수익률과 위험에 의해 형성될 수 있음을 논의하였다. 그러나 임대인이 주택을 임대할 때 내재된 위험은 가격변동에 관한 위험만이 아니라 월세미납에 대한 위험 또한 존재한다. 이창무 · 정의철 · 이현석(2002)은 이론적인 모형으로 완벽하게 발전시키지는 못하였으나 전월세전환율이 일정한 것이 아니라 자본차익에 의한 리스크와 월세미납에 대한 리스크에 따라 달라질 수 있는 가능성을 제시하였다. 또한 이창무 · 이상영 · 안건혁(2003)은 이창무 · 정의철 · 이현석(2002)이 언급한 리스크와 그에 따른 프리미엄이 존재하는지 살펴보기 위해 강남구와 노원구의 보증부월세자료를 이용하였다. 분석결과 레버리지 효과로 인한 자본차익의 위험프리미엄은 존재하는 것으로 나타났으나, 월세미납에 따른 위험프리미엄은 혼재된 결과를 보였다.[5]

자본차익에 의한 위험이 아닌 월세 미납 위험에 대해서는 Benjamin, Lusht and Shilling(1998), 이영호 · 고성수(2012), 임재만(2011), 이용만(2012)의 연구가 진행되어 왔다. 먼저 Benjamin *et al*(1998)은 임대인은 임차인이 어느 정도로 월세를 미납할지 또는 월세를 체납할지에 대한 정보가 없기 때문에(정보의 비대칭) 보증금과 같은 담보형태로 위험을 헷지하고자 하며, 보증금-월세 전환율이 임차인의 신용위험과 연결되어 있다고 보았다. 또한 보증금-월세 전환율은 보증금대비 월세의 비중이

5) 이들의 연구에서 월세미납 위험프리미엄이 있다고 가정한 표본, 다시 말해서 연세대비 보증금 비중이 2년 미만인 표본이 많지 않은 관계로 그 기제를 명확히 밝히지 못한 한계를 가지고 있다.

증가할수록 위험프리미엄의 증가로 인해 보증금 또는 담보물의 가치가 작아져서 대출위험이 증가하는 논리와 같이 보증금-월세 전환율도 높아진다고 보았다. 임재만(2011) 역시 같은 관점으로 국내 주택시장에 수익률이 다른 임대계약 형태에도 불구하고 다양한 임대계약이 존재하는 원인 중의 하나를 월세미납에 의한 위험 때문이라고 보았다. 이영호 · 고성수(2012) 또한 Benjamin *et al*(1998)의 연구를 기반으로 국내 상가를 대상으로 월세미납 프리미엄에 대한 존재 여부를 실증분석하였으며, 분석결과 보증금 비중이 낮은 보증부월세의 경우 위험프리미엄이 존재하는 것으로 나타났다.[6]

전월세전환율과 시장이자율의 격차에 대한 이유를 설명하고자 한 이용만(2012)은 국내 시장의 특성이 고려된 월세미납과 관련된 전월세전환율의 이론적인 분석을 시도하였다. 이 연구는 임대시장을 크게 전세시장과 월세시장 두 가지로 구분하여 임대인과 임차인의 균형에 의해 전월세전환율이 형성되는 것으로 보았다. 즉, 임대인의 경우 전월세전환율은 시장이자율에 월세를 선택할 때 공실이나 월세연체 등의 손실과 월세징수 비용으로 인한 실질수익의 감소, 그리고 관련된 위험프리미엄을 합한 것이 되며, 임차인의 경우 시장이자율에 전세를 선택할 때 임대인의 파산이나 즉각적인 퇴거가 이루어지지 않는 위험프리미엄을 합한 것이 전월세전환율이 된다고 보았다. 그리고 전세시장과 월세시장이 동시에 균형에 도달하기 위해서는 임대인과 임차인의 단위보증금의 기회비용으로써의 전월세전환율이 일치해야 함을 주장하였다. 그러나 이 연

6) 이들 연구는 월세미납의 위험뿐만 아니라 자본차익의 위험까지 존재하는 국내 시장의 전월세전환율에 대한 이론적인 관계를 이끌어내지 못한 한계를 보였으며, 보증금 비중이 작은 상가시장에 대한 분석으로 한정되어 있어 다양한 보증금 비중을 가진 국내 주택시장에 대한 합의도출에는 한계를 지닌다.

구 역시 국내 주택시장에서 계약기간 동안 발생할 수 있는 월세미납액을 넘어서는 보증금이 유지하는 보증부월세가 대부분을 차지하고 있는 상황을 감안하면 보증금 비중이 높은 구간에서도 유지되는 시장이자율보다 높은 전환율에 대한 해석이 불분명한 면이 있다.

류강민 · 지규현 · 이창무(2013)는 레버리지 위험을 감안한 모형, 즉 앞의 식 (6)을 기초로 계약기간 동안 발생할 수 있는 월세미납액을 모두 충당하지 못하는 보증금 구간에서 제한적으로 발생하는 월세미납에 대한 위험프리미엄의 구조를 이론적으로 정리하였으며, 이를 서울시 아파트 보증부월세자료를 통해 실증적으로 분석하였다. 세부적인 유도과정은 생략하고 보증금의 선택에 따라 기대되는 수익률은 다음 식과 같이 보증금 비중에 따라 다르게 형성된다.

$$r_e(D) = \begin{cases} \dfrac{\hat{R}(D)}{P-D}[1 - m(D)\, l_e] + \dfrac{a_e P}{P-D} & if \;\; D \leq k\hat{R}(D) \\ \dfrac{\hat{R}(D)}{P-D} + \dfrac{a_e P}{P-D} & if \;\; D > k\hat{R}(D) \end{cases} \tag{7}$$

위의 식에서 $\hat{R}(D)$는 계약연세를 나타낸다.[7] l_e는 순수월세 시 기대되는 단위연세당 평균(기대) 미납금액, $m(D)$는 순수월세로 갈수록 1에 수렴하고 계약기간 월세총합을 충당하는 보증금 확보 시 0이 되는 월세미납액 보정함수, k는 계약기간 월세미납을 보증금으로 모두 충당할 수 있는 기간(연수)을 나타낸다. 즉, 기대되는 연간월세수입 $R_e(D)$는 $\hat{R}(D)[1 - m(D)\, l_e]$가 되어 보증금이 줄어들수록 기대월세수입을 보전하기 위해 계약월세를 더 받아야 하는 관계가 성립된다.

7) 실제로 취득될 수 있는 연세수입은 평균적인 월세미납액을 제외한 수입으로 기대됨으로 이를 차별화하기 위해 계약월세 개념을 도입하였다.

보증금의 선택에 따라 형성되는 투자수익률의 표준편차 즉 리스크는 월세미납과 가격상승률이 독립적일 때 다음 식과 같이 결정된다.

$$\sigma[r(D)] = \begin{cases} \sigma(l)\dfrac{m(D)\hat{R}(D)}{P-D} + \sigma(a)\dfrac{P}{P-D} & \text{if } D \le k\hat{R}(D) \\ \sigma(a)\dfrac{P}{P-D} & \text{if } D > k\hat{R}(D) \end{cases} \quad (8)$$

위의 식 (7)과 (8)에서 나타나듯 월세미납을 모두 충당할 수 있는 보증금 구간에서는 관련 식이 레버리지 위험만을 고려한 모형식과 동일하다. 그러나 그렇지 못한 구간에서는 좀 더 복잡한 구조로 결정된다.

이러한 관계식은 우리가 흔히 가정하듯 순수월세, 전세, 매매가의 관계, 그리고 관계지표인 전월세전환율, 자본환원율, 전세/매매가 비율이 단순한 식으로 표현되지 못하고 보증금의 구간별로 달라질 수 있음을 보여준다. 따라서 시장균형조건 역시 한계적인 관계식으로 다음과 같이 구성된다.

$$\frac{\partial r_e(D)}{\partial D} = \alpha \frac{\partial[\sigma(r)]}{\partial D} \quad (9)$$

여기서 $\sigma(r)$은 수익률 $r(D)$의 변동성(표준편차)이다. 이와 같은 시장균형조건을 만족하는 보증금-월세 전환율은 보증금 구간별로 달라지며, 그 결과를 그래프로 간단하게 표현하면 다음 [그림 3-6c]와 같다. 결과적인 시장균형상의 보증금과 연세의 관계는 [그림 3-6a]와 같고, 보증금 비중별로 요구되는 수익률은 [그림 3-6b]와 같아진다. 특이한 것은 보증금이 월세미납을 모두 충당하기 시작하는 보증금 비중에서 리스크가 최소가 되고, 이보다 낮은 보증금 비중에서는 오히려 리스크와 위험 프리미엄이 증가해야 시장균형이 가능하다는 점이다(그림 3-6d).

그림에서 제시되듯 전월세전환율은 기존에 인식되어 오듯 하나의 값

그림 3-6 레버리지 위험 및 월세관련 위험프리미엄을 고려한 전월세시장 균형

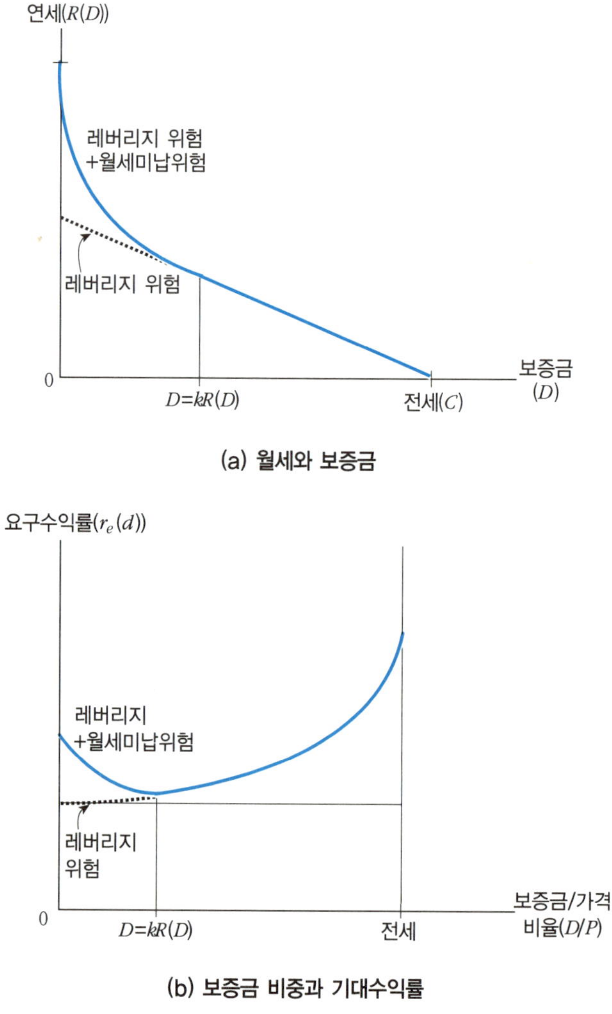

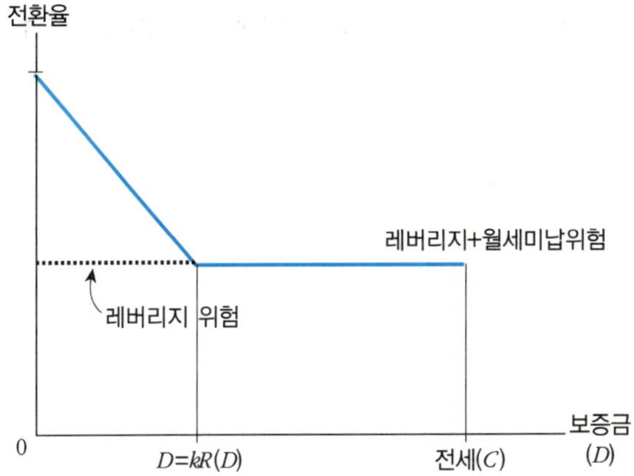

(c) 전환율과 보증금

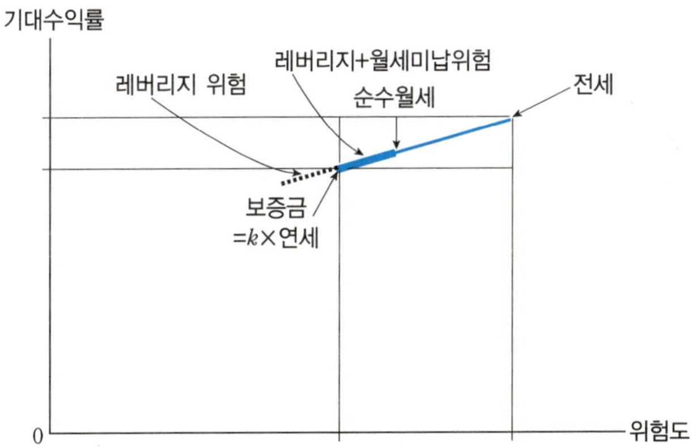

(d) 리스크와 기대수익률

이 존재하는 것이 아니라 보증금 구간에 따라 달라지는 보증금-월세 전환율로 이해되어야 한다. 다만 월세미납 위험이 존재하는 구간의 임대계약이 소수를 차지한다면 평균적인 보증금-월세 전환율의 개념인 전월세전환율은 월세미납 위험이 존재하지 않는 구간에서의 보증금-월세

그림 3-7 서울시 아파트 연세대비 보증금 비중에 따른 보증금-월세 전환율 변화

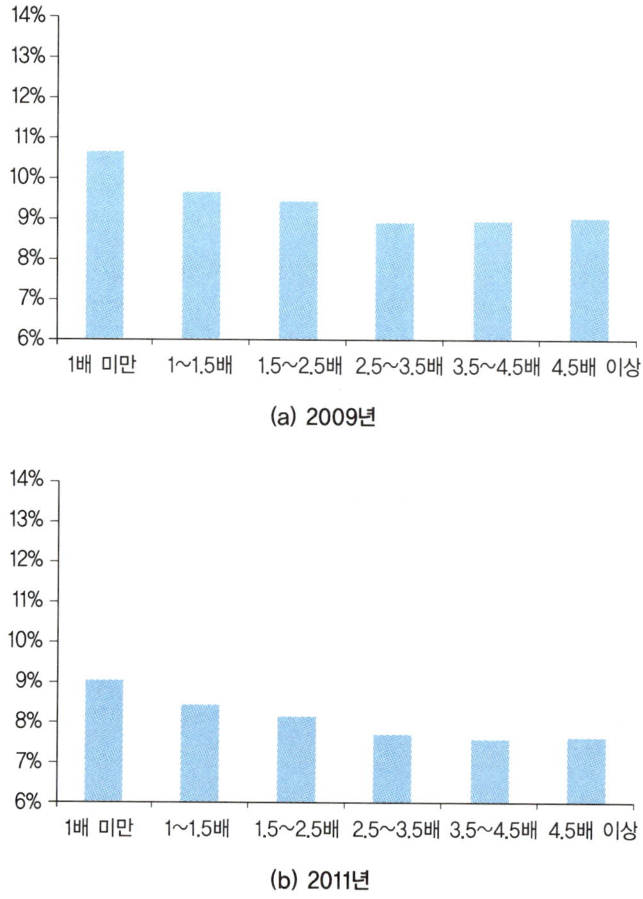

자료 : 류강민 · 지규현 · 이창무(2013).

전환율과 유사한 값이 될 것이다.

이러한 이론적인 기제를 실증적으로 분석하기 위해 부동산114(주)에서 제공하는 아파트전월세 시세자료를 이용하여 보증금 구간별 보증금-연세 전환율을 측정하였다(류강민 · 지규현 · 이창무, 2013). 자세한 추정방법에 대해서는 생략하고 그 결과를 살펴보면 연도별로 차이는 있으나 [그림 3-7]과 같이 보증금이 2.5년치의 월세를 충당하지 못하는 구간에서 보증금-월세 전환율이 높아지는 양상을 살펴볼 수 있다.[8]

하지만 월세미납 또는 체납 리스크에 따른 전환율 변화와 맞물려 추가로 확인이 필요한 사항은 임차인들의 월세미납이나 체납이 시장에서 어느 정도 발생하는가 하는 문제일 것이다. 현재 우리나라에서 월세미납 또는 체납상황과 관련된 연구는 거의 전무한 실정이다. 그나마 부분적으로 파악할 수 있는 연구로 위정환 · 류강민 · 이창무(2014)는 서울시 임차인을 대상으로 미납경험에 대한 설문조사를 실시하였다. 다양한 설문이 실시되었으나 주요 결과로 응답자의 35% 이상이 최근 1년 동안 미납 혹은 체납의 경험이 있는 것으로 조사되었다. 또한 소득대비 연세수준과 연평균 미납회수의 관계를 살펴보면 [그림 3-8]과 같이 금융자산이 적을수록 소득대비 연세의 비중이 높을수록 미납비율이 증가하는 현상을 관측할 수 있다. 다만 극히 소득이 적은 경우는 부모의 지원의 영향으로 상대적으로 낮은 미납빈도를 보이고 있다.

---

8) 단순히 생각하면 월세(혹은 보증금)를 종속변수로, 보증금(혹은 월세)을 설명변수로 모형을 구성하여 회기분석을 진행할 수 있으나 이러한 구성은 임대료의 수준을 통제할 수 없다는 기본적인 문제점이 있다. 또한 전세를 설명변수로 도입하더라도 보증금을 종속변수로 선택할 때와 월세를 종속변수로 선택할 때 각기 다른 전환율이 산정된다. 이는 회기분석의 구조상 종속변수가 설명변수의 고정된 값에 대한 확률변수로 가정되기 때문으로 이 문제를 해결하기 위해서는 월세와 보증금의 조합이 임대료의 수준을 결정짓는 구조로 아래 식과 같은 모형의 구축이 필요하다.

$$C = \alpha_0 R(D) + \beta_0 D$$

자세한 추정방법론은 이창무 · 이상영 · 안건혁(2003) 및 류강민 · 지규현 · 이창무(2013) 참조.

그림 3-8 임차인의 월세미납 빈도

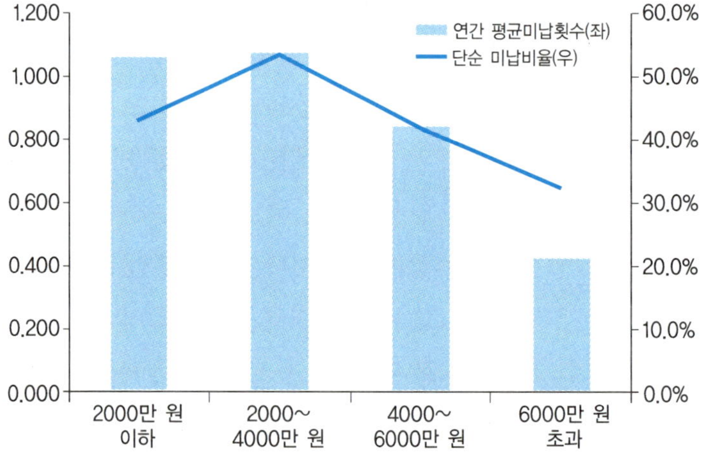

(a) 금융자산 규모별 미납특성

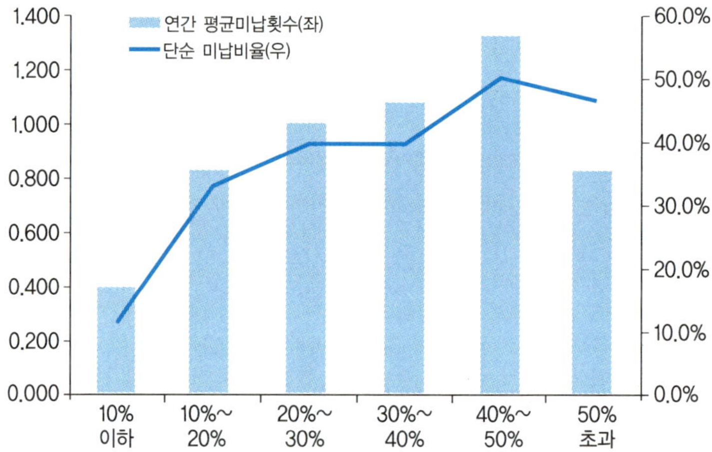

(b) 월소득대비 월세 수준별 미납특성

자료 : 위정환 · 류강민 · 이창무(2014).

이러한 월세미납의 행태는 높은 보증금을 유지하고 있는 국내 보증부월세의 특성상 최소한 체납이라는 행태가 관행에 가까운 현상으로 나타나고 있음을 말해 준다. 그러나 그러한 월세미납의 행태로 인한 리스크는 결국 계약월세를 그렇지 않았다면 유지될 수준보다 높게 끌어 올리는 원인으로 작용할 수 있다. 따라서 월세미납에 대한 관행적인 행태를 줄일 수 있다면 임대인에게는 월세임대에 대한 선호도를 증가시킬 수 있으며, 임차인에게는 위험프리미엄을 감면받음으로써 큰 차이는 아닐 수 있으나 계약월세의 부담을 줄여줄 수 있는 변화가 발생할 수 있을 것으로 사료된다.

4. 공실위험을 고려한 시장균형

앞서 살펴보았듯이 월세미납 또는 체납의 위험은 임대인이 주택을 보증부월세로 임대할 때 당면하는 위험 중의 하나라 할 수 있다. 그러나 임대인은 기존 임차인 퇴거 후 새로운 임차인을 구하지 못하는 경우 발생하는 공실위험 또한 고려하게 된다. 이러한 공실위험은 공실률에 대한 좀 더 상세한 조사가 뒷받침이 되어야 하나 현 시장에서 아파트보다는 단독다가구, 연립다세대와 같은 주택의 경우 공실률이 더 높게 관측된다.

〈표 3-5〉는 1995~2010년 인구주택총조사와 함께 진행된 빈집조사 결과 중 서울시의 주택유형별 공실률을 보여준다. 예상과 같이 2010년 아파트의 경우 공실률이 2.1%로 4%대의 연립주택, 다세대주택 및 비거주용건물 내 주택에 비해 낮은 공실률을 유지하고 있다. 단독다가구주

택의 경우 모든 세대가 공실이어야 공실로 조사되는 관계로 공실률이 낮게 조사되었다.

표 3-5 서울시 주택유형별 공실률 추이

연도	주택 합계	아파트	단독주택*	연립주택	다세대 주택	비거주용 건물 내 주택
1995년	2.30%	2.91%	0.99%	3.18%	3.57%	0.99%
2000년	2.87%	3.58%	1.74%	2.51%	2.91%	1.41%
2005년	3.44%	2.64%	3.29%	4.67%	4.25%	4.07%
2010년	3.12%	2.09%	2.97%	3.74%	4.24%	4.21%

* 다가구주택을 포함하는 단독주택의 경우 모든 세대가 공실인 경우만 공실로 산정.
자료 : 1995, 2000, 2005, 2010 통계청 빈집조사.

이처럼 임대인의 위험은 가격변동 또는 월세미납 혹은 체납의 위험뿐만 아니라 공실에 의한 위험 또한 발생할 가능성이 있으며, 공실발생 가능성은 아파트보다는 비아파트의 경우에 더 높게 나타난다. 본 파트는 앞서 다루었던 가격변동, 월세미납의 위험뿐만 아니라 공실발생의 위험을 고려한 전환율 변화를 류강민 · 이창무(2013)를 기초로 살펴보고자 한다.

이론모형의 유도는 앞서 살펴본 월세미납의 위험을 고려한 식 (7)을 기본모형으로 가정하여 공실발생위험을 고려한 추가적인 모형을 유도한다. 기대공실기간을 v_e라 하면, 임대인의 공실에 따른 기대(평균)손실은 임차인이 이사나간 후 새로운 임차인이 입주하지 못한 기간 동안 발생하는 월세손실 $\hat{R}(D)\,v_e$, 그리고 이전 임차인의 보증금을 반환하기 위해 대출을 받았을 때 발생하는 이자손실 $i_l D v_e$의 두 가지가 발생한다. 공실위험을 고려한 임대인의 기대수익률은 다음과 같은 식으로 나타낸다. 식 (10)을 통해 알 수 있는 것은 보증금-월세 전환율이 시장이자율보다 높은 경우 보증금을 한 단위 높일수록 전환율과 이자율(i_l)의 차이 만큼이 공실로 인한 기대손실의 감소분으로 발생한다는 점이다.

$$r_e(D) = \begin{cases} \dfrac{\hat{R}(D)[1-m(D)\,l_e]+a_e P}{P-D} - \dfrac{\hat{R}(D)+i_l D}{P-D} v_e & if \quad D \leq k\hat{R}(D) \\ \dfrac{\hat{R}(D)+a_e P}{P-D} - \dfrac{\hat{R}(D)+i_l D}{P-D} v_e & if \quad D > k\hat{R}(D) \end{cases} \tag{10}$$

여기서 기대공실기간 v_e는 보증금 비중(또는 수준)이 낮을수록 높아질 수 있으나, 편의상 본 논의에서는 하부시장별로 공실위험의 차이는 존재하되 보증금 비중 변화에 따른 공실위험 변화는 없는 것($\partial v_e / \partial D = 0$)으로 가정한다.[9)]

예를 들어 보증금 비중이 낮은 아파트라 할지라도, 단독다가구나 연립다세대보다 상대적으로 우선 선호되는 주택유형이기 때문에 공실의 발생확률이 높지 않은 수급상황이 유지될 수 있다. 반면, 보증금 비중이 높거나 전세인 단독다가구나 연립다세대의 경우, 이들 주택이 공급량도 많고 주거이동성이 큰 신혼부부나 사회초년생들이 주로 입주하기 때문에 거주기간이 짧아 공실률이 상대적으로 높게 나타날 수 있다.

월세미납, 기대가격상승률 및 공실의 변동을 각각 독립적이라 가정하면 수익률의 변동성($\sigma(r)$)은 다음 식과 같이 나타난다. 여기서 l과 a와 v는 각각 순수월세 시 월세미납으로 인한 기대손실률, 기대가격상승률, 기대공실발생 확률을 의미한다.

9) Navarro and Turnbull(2010)은 볼리비아 임대시장 구조분석에서 우리나라의 전세제도와 같은 Antichresis 제도가 임대료를 미리 선납한 구조이기 때문에 월세미납과 공실 확률 또한 낮춘다고 언급하고 있다.

$$\sigma(r)=\begin{cases}\sigma(l)\dfrac{m(D)\hat{R}(D)}{P-D}+\sigma(a)\dfrac{P}{P-D}+\sigma(v)\dfrac{\hat{R}(D)+i_l D}{P-D} & if\ D\leq k\hat{R}(D)\\ \sigma(a)\dfrac{P}{P-D}+\sigma(v)\dfrac{\hat{R}(D)+i_l D}{P-D} & if\ D>k\hat{R}(D)\end{cases} \tag{11}$$

식 (10)과 (11)을 앞서 살펴본 시장균형식 (9)에 적용하면 다음 [그림 3-9c]와 같이 공실로 인한 기대손실을 보전하기 위해 전반적으로 보증금-월세 전환율의 상승이 초래된다. 세부적으로 보증금 비중에 따른 전환율의 변화를 살펴보면 보증금이 계약기간의 연세에 미달하는 경우 보증금-월세 전환율은 보증금이 작아질수록 높아지는 반면, 보증금이 계약기간의 연세보다 큰 경우 전환율은 보증금이 증가할수록 다시 상승하는 구조를 가지게 된다.[10] 결과적으로 형성되는 공급자 균형상의 연세와 보증금의 관계는 [그림 3-9a]와 같으며, 종합적인 위험프리미엄이 고려된 요구수익률의 관계는 [그림 3-9b]와 같다. 또한 관련 리스크와 요구수익률의 관계는 전반적으로 높아진 [그림 3-9d]와 같이 변화된다.

이러한 공실 가능성으로 인한 보증금-월세 전환율의 보증금 비중별 차별화 현상은 부동산114의 시세 및 매물자료를 통해 실증분석이 가능하다. 실증분석은 2012년 10월부터 12월까지의 3개월자료를 활용하였으며, 서울시를 대상으로 매물자료를 이용하여 이루어졌다.[11] 비아파트 매물자료의 특성상 다수 존재하는 이상치의 영향을 줄이기 위해 분위회귀를 이용하여 계수를 추정하였다.[12]

---

10) 상세한 유도과정은 류강민 · 이창무(2013) 참조.

11) 매물자료뿐만 아니라 2011년부터 수집된 국토교통부 전월세 확정신고자료를 이용한 실증분석결과는 제4장에 제시되어 있으며, 분석결과는 매물자료결과와 유사한 추세를 보인다.

그림 3-9 레버리지, 월세미납, 및 공실위험을 고려한 전월세시장의 균형

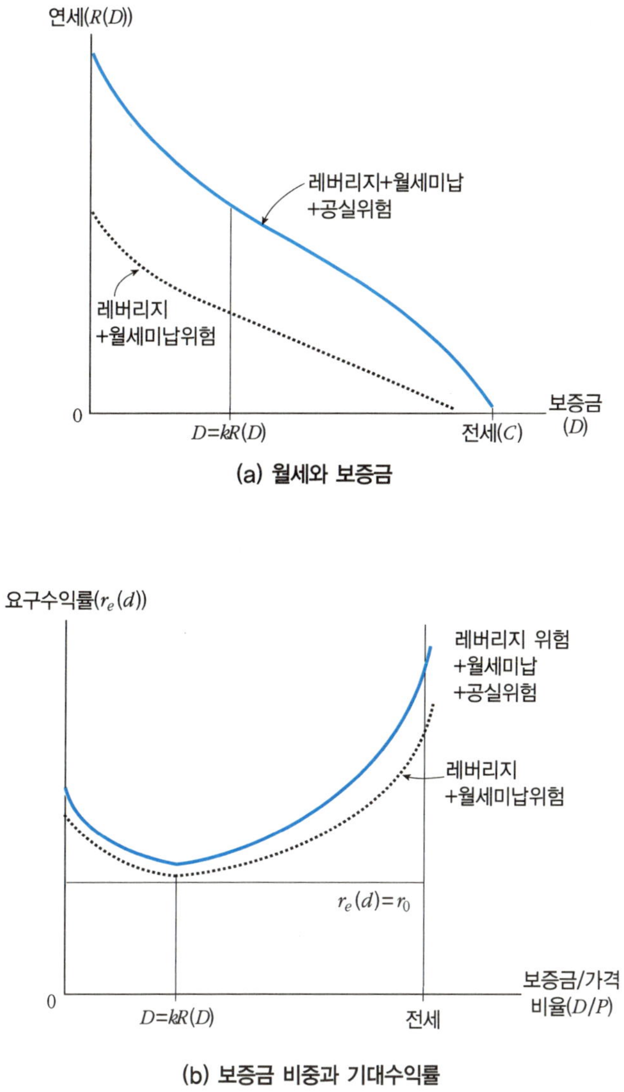

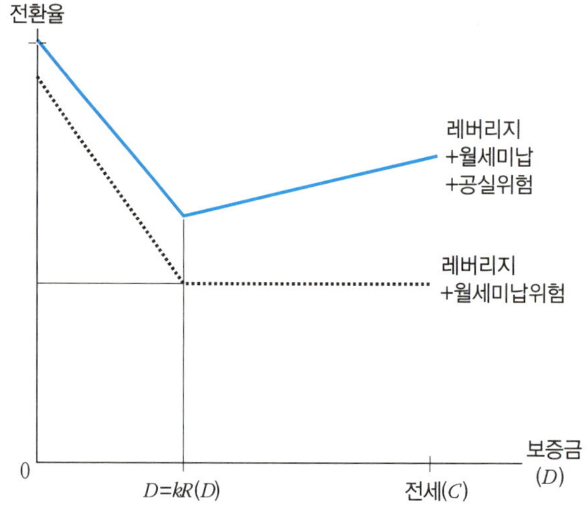

(c) 전환율과 보증금

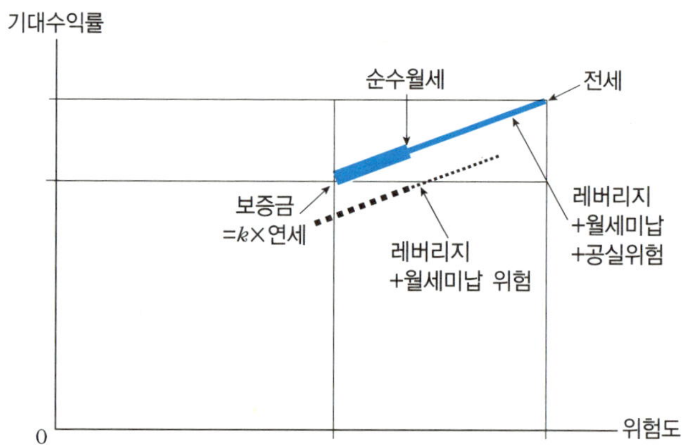

(d) 리스크와 기대수익률

12) 비아파트 매물자료의 특성상 전세와 보증부월세 어느 한 자료만 존재하기 때문에 보증부월세 관측치에 대응하는 전셋값을 추정할 필요가 있다. 따라서 본 연구는 단독다가구와 연립다세대의 경우 동 / 면적그룹 / 층 / 분기단위로 하위시장을 구분하여 전세가 평균을 산정하여 해당 하위시장의 보증부월세의 전세가격으로 가정하였다. 면적 그룹은 10평 미만, 10~20평 미만, 20~30평 미만, 30평 이상으로 구분하였다. 자세한 추정방법론은 류강민 · 지규현 · 이창무(2013)를 참조.

상대적으로 공실률이 높게 유지되는 단독다가구와 연립다세대 주택의 보증금 비중에 따른 보증금-월세 전환율 변화는 [그림 3-10]과 같다.

그림 3-10 단독다가구 보증금 비중에 따른 보증금-월세 전환율 변화

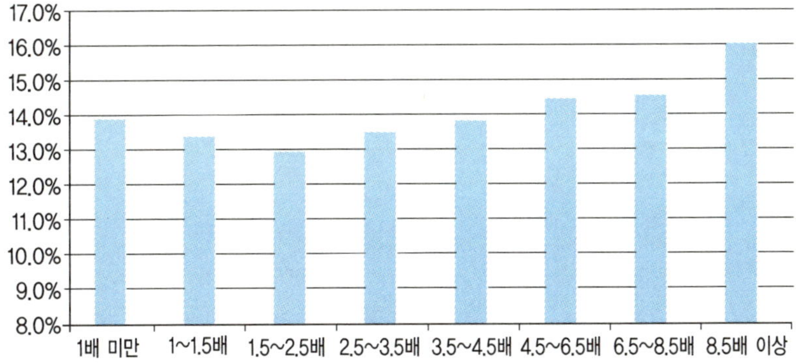

(a) 단독다가구

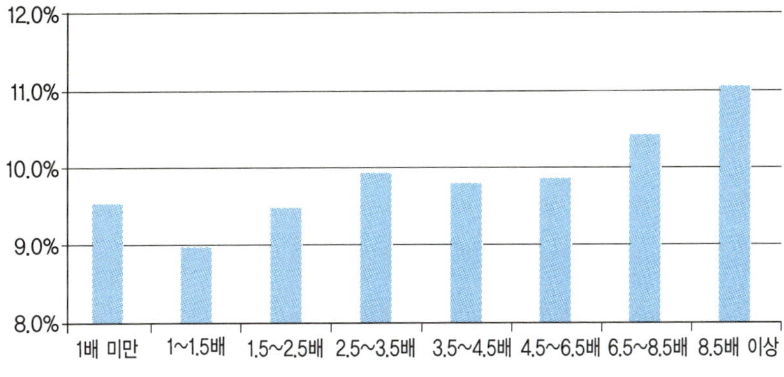

(b) 연립다세대

자료 : 부동산114(주) 서울시 매물자료(2012.1.~3.).

단독다가구와 연립다세대는 아파트와는 달리 전환율이 보증금 비중이 높아질수록 낮아졌다가 일정한 보증금 비중 이후 다시 상승하는 것으로 나타났다. 다만 주택유형에 관계없이 보증금 비중이 극히 낮은 경우 보증금-월세 전환율이 상승하는 것으로 나타났다. 이는 앞서 언급한 대로 공실위험으로 인해 보증금 비중의 증가에 따른 보증금 반환 위험이 증가하였기 때문으로 판단된다. 이와 같은 공실에 따른 위험과 그에 따른 위험프리미엄이 존재한다면 시장에서 관측되는 평균적인 전환율은 시장이자율에 근접하지 못하고 항상 높은 수준을 유지할 수밖에 없다고 볼 수 있다.

5. 소 결

레버리지 위험을 고려한 이론모형에서 도출된 시장지표 간의 관계에 기초해 현 시장상황을 판단하면 2012~13년에 발생한 전세가 상승추세는 매매시장의 기대가격상승률이 낮은 상황에서 불가피한 현상임을 말해 준다. 그러한 상황에서 부수적으로 나타나는 현상은 전월세전환율 또한 낮아지고 매매가대비 전세가 비율은 높아지는 현상이 병행해서 발생하게 된다. 여기에 현 시장에 팽배해 있는 향후 가격변동에 대한 불확실성의 확대가 그러한 전세가 상승에 추가적인 요인으로 작동하고 있음을 말해 준다.

전세가가 이와 같이 앙등하는 시장에서 발생하는 월세화 속도에 대한 우려도 깊어지고 있다. 관련된 이론모형 및 실증분석결과를 바탕으로 장래추세를 예측하면 향후 인구노령화에 따라 임대사업자의 연령이 높아지고 성장기와 달리 가격상승에 대한 기대치가 지속적으로 안정화되는 추세를 감안하면 점차적으로 월세의 비중이 높은, 역으로 보증금 비중이 낮은 임대계약을 선호하는 임대인의 압력이 증가하는 시장이 형성될 것임을 시사한다. 따라서 이러한 월세화 진행을 의도적으로 막기보다는 시장의 자연스러운 변화를 수용할 수 있는 정책대안이 필요하다고 판단된다.

추가적인 월세미납위험과 공실위험이 반영된 보증금 비중에 따라 차별화되는 보증금-월세 전환율의 결정기제는 우리가 그동안 이해해 왔던 단일 전월세전환율이 아닌 복잡한 기제의 전환율이 시장균형을 형성하는 과정에서 결정되고 있음을 보여 준다. 월세미납에 따른 위험은 보증금으로 계약기간의 월세를 충당하지 못하는 한정적인 보증금 비중 구간에서 발생하고 있으며, 그러한 월세미납위험은 상대적으로 계약월세를 높이는 영향을 미치고 있다. 따라서 월세 체납 혹은 미납에 대한 위험을 줄일 수 있는 제도적인 틀이 마련된다면 상대적으로 월세의 안정효과에 도움을 줄 수 있을 것으로 판단된다.

그리고 공실위험에 따른 위험프리미엄은 공실률이 높은 다세대나 다가구와 같은 비아파트 주택시장에서 높게 존재하는 반면 공실이 적은 아파트시장에서는 존재가 확인되지 못하였다. 이는 향후 아파트임대시장 역시 충분한 공급으로 정상적인 공실이 발생하게 된다면 다가구 주택시장과 같이 보증금 비중이 높을수록 전환율이 다시 상승하는 기제가 형성될 가능성이 높다고 판단된다. 이는 역으로 현재의 아파트시장에서 수요에 비해 공급이 충분치 않은 상태가 유지되고 있다고도 판단할 수 있다. 향후 서울시의 아파트 공급확대를 통해 시장의 공실률이 높아지면 임대인 및 임차인 모두에게 전세와 같은 보증금 비중이 높은 임대계약은 공실에 따른 손실 리스크 증가로 시장에서 선택되기 어려운 상황에 직면할 수 있음을 말해 준다.

이와 같이 복잡한 전환율의 결정기제를 수용하면 인위적인 전환율 기준의 설정과 같은 시장개입은 예측하기 힘든 부작용을 발생시킬 수 있는 선택임을 말해 준다. 또한 주택시장에는 전월세전환율이 시장이자율로 근접하기 어려운 여러 가지 위험프리미엄이 존재하고 있으며, 전월세전환율이 낮아진다는 것이 임차인에게 유리한 것만도 아니다. 왜냐하면 전환율이 낮아졌다는 이야기는 전세가가 월세에 비해 더 오른 원인이 아닌 결과이기 때문이다. 이와 같은 국내 주택전월세시장의 구조에 대한 이해를 바탕으로 합리적인 정책적 선택이 고민될 필요가 있다.

제 2 절 일반균형모형 개발을 위한 제언

1. 한국 주택시장에 관한 해석의 틀

국내 전월세시장에 대한 연구는 지속적으로 발전이 이루어지고 있으나 파편적인 연구의 성격을 벗어나지 못해 국내 주택시장의 전체적인 골격을 이해하기 위한 종합적인 구조화가 이루어지지 못한 실정이다. 국내 전세 및 보증부월세의 존재는 서구의 순수월세의 개념으로 접근하기에는 많은 한계가 있는 복잡한 주택시장 구조를 만들어 내고 있다. 그러나 기존 연구자들이 원했든 원하지 않았든 여전히 국내 주택시장에 대한 해석은 서구의 주택시장을 위해 마련된 이해의 틀에서 쉽게 벗어나지 못하고 있다. 고민스러운 점은 그런 사고의 틀에서 벗어나지 못하는 한 국내 주택시장에 대한 완전한 이해는 불가능할 수 있다는 점이다.

서구의 주택시장은 순수월세를 기초로 한 단순한 임대시장이 존재한다. 그런 구조의 임대시장에서 임대주택의 공급과 수요에 의해 단일 임대료지표인 월세가 결정되는 단순한 단기적인 균형조건이 유지된다. 단기적인 균형조건으로 형성된 임대료는 매매시장에서 주택의 자산가치에 영향을 주며, 자산가치에 기초한 가격은 시장이자율 변동이나 재산세율 변동과 같은 자본시장 및 정책적인 외부조건에 영향을 받아 재정조건을 달성하기 위한 투자의 조정과정을 발생시킨다. 그러한 자본시장

그림 3-11 한국 주택시장에 대한 해석의 틀

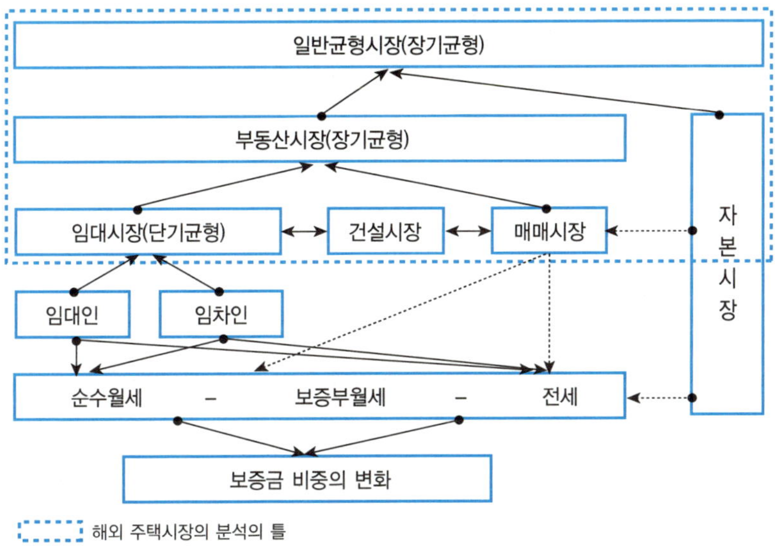

자료 : 이창무(2012b)의 그림 재구성.

과의 연결고리를 통해 형성된 매매가격의 변동에 따른 단기적인 시장불균형(장기균형과 비교하여)은 주택건설에 대한 투자를 조절하고 그 결과로 주택생산량이 조절된다. 조절된 생산량은 임대시장의 재고변화를 야기하여 임대료의 조정과정이 발생한다([그림 3-11]에서 파란 점선 블록).

이러한 주택임대시장, 매매시장, 자본시장, 건설시장 간의 연결고리는 주택시장 전체의 장기균형을 추구하는 동태적인 변화의 원동력으로 작용한다. 다만 주택건설에 짧지 않은 기간이 소요되는 관계로 즉각적인 시장균형이 달성되지 못하고, 시장의 불균형 상태를 해소하는 데 장기간이 소요된다. 그러나 외부여건은 지속적으로 변동하고 있어 주택시장은 지속적인 불균형 상태를 유지하고 있다고 볼 수 있다. 그러한 주택시장 전체의 불균형 상태에서도 주택임대시장은 그 시점의 임대주택수급상황에 부과된 단기적인 균형 상태를 유지하게 된다.

그러나 국내 주택시장의 문제는 좀 더 복잡해진다. 그 원인은 국내의 임대계약 형태가 순수월세가 아닌 순수월세와 전세를 양극단으로 포함하는 넓은 스펙트럼의 보증부월세가 존재하기 때문이다. 해외 주택시장의 주요한 임대계약 형태인 순수월세도 존재하지만 그 비중이 그리 높지 않다. 가장 많은 비중을 차지해 온 것은 월세의 수령이 없는 전세이다. 그 사이에 보증부월세가 존재하며, 그 비중이 점점 증가되고 있는 추세이다. 단일 순수월세로 임대시장의 균형이 형성되는 해외시장과 달리 다양한 스펙트럼의 임대계약들이 공존하는 국내 전월세시장을 이해하는 데 필수적인 사항은 우리가 매 시점 관측하는 순수월세, 보증부월세, 전세 간의 관계가 임대시장 내의 단기적인 균형 임대료를 표현하는 차하위 다양한 임대계약들 간의 내포된 단기적 균형조건을 보여준다는 점이다.

이와 같이 독특한 임대계약 형태를 유지하고 있는 국내 주택임대시장은 임대인의 시각에서 바라보느냐, 임차인의 시각에서 바라보느냐에 따라서 다양한 해석이 가능하다. 먼저 임대인의 관점에서 살펴보면 투자자로서 임대인은 해외 주택임대시장과 달리 임대료 수준에 대한 선택뿐 아니라 순수월세와 전세를 양극단으로 포함하는 보증부월세의 보증금 비중에 대한 또 다른 선택(월세와 보증금의 이중적인 선택)도 동시에 요구된다. 임대시장 내에서 공급자인 임대인들은 다른 임대인과 경쟁하게 되고 그 결과로 보증금 비중의 선택에 따른 수익구조의 차별성을 상쇄시키는 공급자들 간의 단기적인 균형조건이 형성될 것이다. 결과적으로 국내 주택임대시장의 균형은 해외 주택시장의 순수월세라는 임대료 수준에 의해 형성되는 점적인 균형이 아니라 순수월세(혹은 전세)로 대표될 수 있는 임대료 수준과 이 임대료 수준과 동일한 가치(임대인의 관점에서)를 지닌 다양한 보증부월세가 형성하는 선적인 균형으로 형성된다. 이 균형조건을 보여 주는 것이 우리가 시장에서 관측하는 전월세전환율이다.

이러한 균형조건을 구성하는 데 있어 고민스러운 부분은 매매시장의 상황이 투자자로서의 임대인의 선택에 독립적이지 않다는 점이다. 임대인이 추구하는 투자수익은 월세에 기초한 임대수입뿐 아니라 소유주택의 가격상승에서 발생하는 자본차익으로 나뉜다. 따라서 매매시장의 기대가격상승률은 임대인 입장에서 요구되는 임대료 수준뿐 아니라 보증금 비중의 선택에도 영향을 미치게 된다. 왜냐하면 보증금을 자기자본을 줄이는 레버리지로 활용하는 경우 매매가격의 상승이 높게 발생한다면 자본수익률은 월세를 줄이고 보증금을 늘림에 따라 증폭될 수 있기 때문이다. 이러한 보증금의 레버리지 활용 가능성으로 인해 투자자로서의 임대인의 선택은 매매시장 상황에 영향을 더욱 받게 된다.

임대인이 아닌 임차인의 경우에도 임대시장에서 적합한 임대주택과 임대료의 수준뿐 아니라 적절한 임대계약 형태를 선택하게 된다. 물론 특정 주택에 대한 단일 임대인과 단일 임차인의 협상과정을 통해 임대계약 형태 및 그에 따른 임대료의 수준이 조정될 수 있다. 그러나 임차인의 경우 협상의 가능성이 적으면 협상을 포기하고 다른 임대주택을 선택할 수 있다. 결국 시장 전체로는 다수의 임대인과 다수의 임차인이 임대시장에서 경합하게 됨으로 내생적인 균형에 반응하는 가격순응자로서의 균형관계를 형성한다고 보는 것이 합리적인 해석이 될 것이다. 그렇게 형성되는 단기적인 시장균형하에서 다양한 선호체계를 지닌 임차인은 금융자산이나 소득과 같은 제약조건에 부과되어 자신의 선호체계에 부합하는 보증금 비중을 선택하게 된다.

임차인 역시 임대인과 마찬가지로 매매시장의 상황과 독립적이지 못하다. 특히나 전세금이라는 쉽게 주택구입자금으로 활용될 수 있는 자산을 유지하고 있는 임차인의 경우는 항상 전세로 임차하는 것이 유리한지 자가를 구입하는 것이 유리한지에 대한 지속적인 고민을 하게 된다. 이와 같이 임차인의 선택 또한 서구의 주택시장에 비해 좀 더 매매시장 상황에 영향을 받게 된다.

향후 좀 더 발전된 형태의 임대인과 임차인 간의 균형 및 선택모형이 개발되어야 할 것이나 개념적으로 공급자들 간의 경쟁을 통해 형성된 시장균형에 부과되어 임대인과 임차인은 각자의 선호체계에 따라 최적의 보증금 비중을 선택하게 된다. 여기서 국내 전월세시장에서는 월세라는 수입 혹은 비용의 현금흐름과 보증금(전세금)이라는 금융자산 혹은 금융부채의 두 가지의 조합으로 임대료가 결정된다. 따라서 현금과 금융자산의 조합으로 구성되는 임대인과 임차인의 효용함수를 가정하면 다음의 [그림 3-12]와 같은 시장균형에 부과되는 선택구조를 가정할 수 있다. 예를 들어 신용도가 낮은 임차인의 경우 보증금을 높임에 따라 발생하는 보증금 조달비용이 증가하게 됨으로 월세의 비중이 높은 계약 혹은 보증금의 비중이 낮은 임대계약이 최적의 선택이 될 수 있다.

그림 3-12 시장균형에 부과된 임대인과 임차인의 보증금 비중 선택

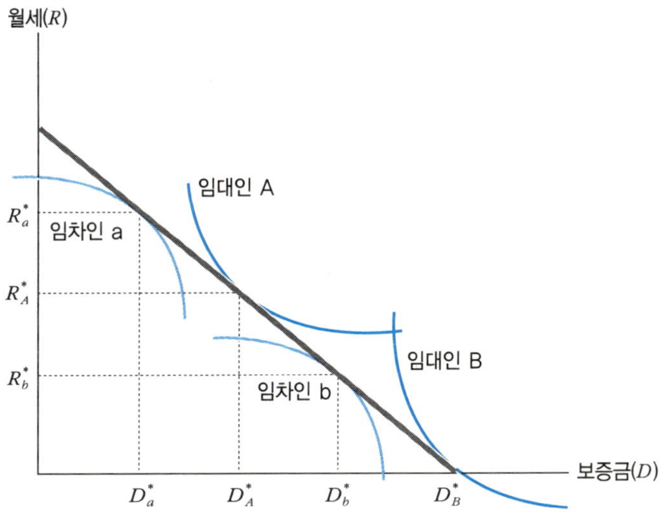

이처럼 국내 주택시장의 복잡한 기제를 이해하기 위해서는 다양한 세부 이슈별로 심층적인 이론적 해석과 실증적 분석이 요구된다. 불행하게도 아직은 그러한 종합적인 이해를 가능케 하는 수준의 필요한 연구들이 축적되지 못한 것이 현실이다.

2. 주택임대시장과 금융시장과의 연결성

국내 전월세시장에 대한 해석의 실마리는 전세금이나 보증금의 작동기제에 대한 해석이다. 그중 핵심은 전세금이나 보증금의 기회비용이 시장이자율이 아니라는 해석이다.[13] 그 기회비용의 직접적인 시장지표는 전월세전환율이다. 보증금이나 전세금의 기회비용이 시장이자율이라면 전월세전환율은 시장이자율과 같아야 한다. 그러나 시장에서 관측되는 전월세전환율은 시장이자율에 비해 지속적으로 높게 유지되어 왔다. 또한 지역 간 및 주택유형 간 하부시장별로 상이한 수준의 전월세전환율이 유지되고 있다(이창무 · 이재우, 2008). 더 나아가 보증금 비중별로 보증금-월세 전환율도 차이를 보인다(류강민 · 지규현 · 이창무, 2013). 보증금이나 전세금의 기회비용이 시장이자율이라면 하부시장별로, 그리고 보증금 비중별로 차별화될 이유가 없다.

이와 같이 지속적으로 유지되고 있는 전월세전환율과 시장이자율 간의 격차는 국내 주택시장을 해석하는 데 많은 논란을 초래하고 있다. 순수월세에 기초한 해외 주택시장과 달리 국내 주택임대시장에서는 임대료의 한 형태로 보증금(전세금)이라는 금융자산이 일정기간 임대인에게 전달되는 구조이다. 문제는 이 보증금의 가치(기회비용)가 금융시장에서 현금의 시간가치(이자율)보다 지나치게 높다는 것이다. 이로 인해 전월세시장의 해석에 있어 금융시장과의 연결고리를 이해하는 데 여러 가지

13) 좀 더 직접적으로 전세금이나 보증금을 금융시장에 투자하여 운영소득을 취하는 방식으로 활용하는 비중이 높지 않다는 것이 현실적인 관측이다. 한 예로 국토연구원(1998)의 연구는 조사대상자의 71.4%가 전세금을 주택구입자금이나 주택신축비용으로 활용하고 있음을 보고하고 있다.

어려움이 발생한다. 관련된 의문점들을 나열해 보도록 하자.

순수월세시장의 경우 금융시장과의 연결고리는 매매가와 순수월세의 관계인 자본환원율과 시장이자율과의 관계에 집약되어 있다. 장기적인 시장균형조건으로 안정적인 매매시장이 기대된다면 자본환원율(전월세전환율이 아님)은 시장이자율에 수렴하게 된다. 그러나 국내 전월세시장과 금융시장과의 가능한 연결고리는 추가적인 세 가지 형태로 발생할 수 있다.

첫째는 임대인이 보증금이나 전세금을 임차인에게 받아서 은행에 저금하고 이자를 타서 월세를 대신하는 경우(운영소득 가설) 발생한다. 둘째는 임대인이 임차인으로부터의 차입금인 보증금 대신 낮은 이자비용의 은행차입을 통해 투자의 레버리지를 추구하는 경우 발생한다. 셋째는 임차인이 보증금이나 전세금을 자신의 금융자산이 아니라 은행차입을 통해 마련하는 경우 발생한다. 문제는 세 가지 형태로 형성가능한 전월세시장과 금융시장과의 연결고리가 강하게 유지된다면 순수월세, 보증부월세, 전세의 공존을 설명하기 어렵고, 결국 순수월세로 수렴해야 한다는 점이다. 현실적으로는 그런 세 가지 유형의 연결고리에 대한 선택의 강도가 없지는 않지만 상대적으로 크지 않다는 점이 이론적인 해석을 어렵게 하는 원인이다.

첫 번째 임대인의 보증금 활용방식에 대한 문제는 적지 않은 연구들이 현실적인 해석을 제시하고 있다. 즉 보증금이나 전세금을 은행에 예금하여 이자소득을 취한다는 기존의 운영소득 가설과 달리 임대인이 월세를 줄이고 보증금을 늘리는 이유를 자기투자자본을 줄임으로써 매매시장에서 발생하는 자본차익에 대한 레버리지 효과를 추구하는 행태라는 것이다. 대표적으로 이창무 · 정의철 · 이현석(2002)은 임대인이 전세금이나 보증금을 레버리지 추구 방식으로 활용한다고 가정함으로써 전월세전환율이 임대인의 기대되는 자기자본 투자수익률과 일치한다는 매매시장과 전세시장 및 보증부월세시장 간의 연결고리를 제시하였다. 어찌보면 전환율이 시장이자율보다 높은 상황에서 보증금을 레버리지로 활용하지 않고 은행에 맡겨 두는 투자행태는 최적의 투자행태가 아니라고 볼 수 있다. 이에 대한 자세한 논의는 앞에서 충분히 다루어졌다.

두 번째 임대인의 은행차입 가능성과 관련하여 보증금의 기회비용(단위보증금 증가에 따라 감소되는 월세소득)인 전월세전환율이 시장 대출이자율보다 높다면 임대인의 경우 다른 선택이 가능하다. 즉 보증금을 늘려 높은 전월세전환율로 월세를 감면해 주기보다는 순수월세를 유지하면서 보증금을 받는 대신 낮은 이자율의 은행차입을 통해 레버리지 효과를 추구하는 것이 좀 더 투자수익률을 높일 수 있는 선택이 된다.

좀 더 자세히 살펴보면, 흔히들 보증금을 무이자 대출금으로 오해하는 경우들이 많다. 그러나 보증부월세 중 월세가 결정되는 내재된 기제를 이해하면 보증금은 높은 이자비용을 지불하는 임차인으로부터의 대출금의 성격을 지닌다. 앞에서 제시된 레버리지 방식으로 보증금을 활용하는 경우의 수익률 결정구조식(식 2)을 변환하면 순수월세와 비교하여 보증금을 받을 때 월세를 얼마나 깎아 주어야 하는지를 알 수 있다. 즉 다음의 식 (12)와 같이 보증부월세는 보증금을 받지 않았더라면 취할 수 있는 순수월세(R_0)에서 보증금(D)이란 대출금 한 단위에 대하여 전월세전환율(i_c)에 해당하는 금액을 깎아 주는 구조이다. 결과적으로는 식 (13)과 같이 시장이자율(i_m)에 은행대출(L)을 얻어 순수월세 물건에 투자하는 경우의 수익률 구조와 유사하게 된다. 즉 보증금이란 대출금에 대하여 전월세전환율에 해당하는 금액을 임차인에게 이자로 지불하는 구조가 내재되어 있다. 문제는 그 이자율인 전월세전환율이 시장이자율보다 극히 높다는 점이다. 즉 전세나 보증부월세를 이해할 수 있는 가장 중요한 질문은 임대인들이 왜 시장이자율보다 높은 이자비용을 지불하면서 보증부월세나 전세를 놓는 데 동의하는가이다.

$$r_e(D) = \frac{R(D) + a_e P}{P - D} = \frac{[R_0 - i_c D] + a_e P}{P - D} \tag{12}$$

$$r_e(D) = \frac{R_0 - i_m L + a_e P}{P - L} \tag{13}$$

관련된 연구로 최창규 · 지규현(2007)은 기존의 레버리지 가설에 추가하여 임대인의 은행차입을 고려한 해석을 제시하였다. 이론모형의 유도과정에 있어 적지 않은 오류[14)]가 있으나 결론에서는 투자적 관점에서 순수월세의 우월성을 주장하였다. 이는 앞에서 살펴보았듯이 전월세전환율이 시장이자율보다 높은 한 당연한 결과로 주택임대시장에서 관측되는 다양한 보증금 비중의 공존을 설명하지 못하는 문제점이 또다시 발생한다.

시장이자율보다 높은 전월세전환율과 다양한 보증금 비중의 공존을 함께 설명할 수 있는 이유에 대하여 은행대출에 대한 제약이 요인일 수 있다는 견해(최창규 · 지규현, 2008)도 있다. 그러나 임대인의 은행대출을

14) 가장 기본적인 오류는 보증금의 비중 혹은 은행차입의 비중 선택에 대한 선호차이(기대수익률 차이)가 존재한다고 논의하고자 하면서 보증금 비중이나 차입금의 비중에 상관없이 동일한 수익률이 유지되는 균형식에 기초하여 이론적인 해석을 진행하고 있다는 점이다. 저자가 자신이 유도한 식을 잘못 해석하고 있으나 결국 도출된 이론식은 전월세전환율이 기대되는 투자수익률임을 다시 밝히고 있다. 또한 보증금과 은행차입의 합이 고정되어 있다는 자의적인 조건과 각 선택들이 동일한 수익률을 보장한다는 기본조건을 만족시키도록 결정되는 이론 유도식의 결과를 임대인의 선호차이를 조성하는 결과로 잘못 해석하는 오류를 범하고 있다. 최소한 임대인의 보증금 비중이나 은행차입 비중의 선택이 상이한 기대투자수익률을 형성한다는 가정에 기초하여 이론식의 전개를 진행해야 임대인의 계약유형 간의 선호도의 차를 설명할 수 있는 구조가 된다.

통한 레버리지 추구와 보증금의 레버리지 활용에 있어 기본적인 차이는 보증금의 경우 투자물건의 성격으로 투자 시 주어진 조건에 해당되나(보증금을 안고 구입하고 임대계약을 승계하게 됨), 은행대출의 경우는 투자자의 개인적인 성향에 따라 달라질 수 있는 선택이라는 점이다. 즉 보증금과 은행대출은 레버리지라는 측면은 유사하지만 그것이 물건의 특성이냐 투자자의 선택사항이냐의 차이가 존재한다. 따라서 시장의 균형상태를 설명하기 위해서는 투자자의 개인특성의 차이를 고려하지 않은 모든 투자자가 공유하는 물건특성에 기초한 분석이 요구된다. 국내 보증부월세의 경우 개인의 선택사항이라고 여겨지던 레버리지가 물건의 특성으로 고려되어야 한다는 점이 보증부월세의 작동기제를 해석하는 데 적지 않은 오해를 발생시키는 원인이 된다.

보증금이란 레버리지는 분명 임차인으로부터의 대출금의 성격을 지닌다. 그것도 일반적으로 이해되는 것처럼 무이자대출이 아니라 상당히 비싼 이자비용을 지불하는 대출이다. 따라서 보증금을 전월세전환율보다 낮은 이자율인 시장이자율로 대출받아 임차인에게 돌려주고 가능한 한 보증금을 줄이고 월세를 많이 받는 것이 레버리지는 유지하면서 운영수익률을 높일 수 있는 투자선택이 된다. 그런데 문제는 임대인들의 선택이 그런 방식으로 이루어지지 않고 있다는 것이다.

위정환 · 지규현 · 이창무(2013)는 은행대출과 관련된 임대인의 선택요인을 살펴볼 수 있는 설문조사결과를 제시하고 있다. 우선 전월세전환율이 시장이자율보다 높아서 은행대출로 보증금을 대체하면 투자수익률이 향상될 것이라는 점을 임대인에게 주지시키고 이루어진 설문조사에서 은행대출을 받지 않겠다는 의견이 은행대출을 받겠다는 의견과 유사한 수준에서 조사되었다.

표 3-6 임대계약 유형별 임대인의 대출관련 설문결과

항목	세부항목	전세 (비율)	보증부월세 (비율)	전체 (비율)
대출받아 월세 상향조정	대출받아 월세 상향조정	53(39%)	58(47%)	101(42%)
	대출받고 싶지 않음	57(42%)	53(43%)	103(43%)
	잘 모름	26(19%)	12(10%)	35(15%)
	응답표본	136	123	239
대출거부 이유 (복수응답)*	부채에 대한 거부감	30(48%)	30(57%)	55(50%)
	은행대출 원금상환 부담	12(19%)	6(11%)	18(17%)
	월세체납 시 이자납부 부담	19(30%)	15(28%)	32(29%)
	임대관리가 귀찮음	12(19%)	5(9%)	17(16%)
	기존부채로 대출여력 없음	10(16%)	2(4%)	12(11%)
	기타	2(3%)	5(9%)	7(6%)
	응답표본	63	53	109

* 대출거부 이유 문항의 경우 복수응답을 받았음.

추가질문을 통해 수익률이 높아짐에도 불구하고 대출을 받지 않겠다는 이유가 무엇인지를 물어보았다. 가장 큰 비율을 차지하는 것은 단순한 은행 부채에 대한 부담감으로 전세의 경우 48%, 보증부월세의 경우는 57%로 막연한 은행부채에 대한 부담감이 큰 것으로 나타났다. 또한 세부적인 부담에 대한 이유가 제시되는 답변으로 은행대출 원금상환에 대한 부담 및 이자납부에 대한 부담을 포함하면 은행부채에 대한 부담이 복수응답이기는 하나 각각 97%, 96%를 차지하고 있다.

흥미로운 점은 이자납부에 대한 부담이 월세징수의 어려움과 연결되어 있다는 점이다. 즉 은행차입이 아닌 임차인으로부터의 차입인 보증금을 통한 레버리지의 증가는 월세 미납 및 체납에 대한 위험을 함께 감소시킨다는 투자상의 이점이 존재한다. 따라서 순수월세와 은행차입을 결합하는 것이 보증금을 통해 레버리지 효과를 추구하는 것에 비해 그리 이롭지 않은 선택이 될 수도 있다. 결국 보증금이라는 높은 이자율의 부채가 명목상 낮은 이자율의 부채인 은행대출금에 비해 선호되는 이유가 존재하며, 이에 대한 합리적인 설명을 제시하는 것은 여전히 향후 연구과제로 남아 있다.

세 번째 임차인의 경우에도 전월세전환율과 시장이자율의 괴리는 의문스러운 부분이다. 금융자산이 충분한 임차인의 경우는 높은 전월세전환율로 월세를 지불하는 것보다는 전세를 선택하는 것이 유리한 선택이 된다. 관련된 연구로 이상일 · 이창무(2006)의 임차인의 전세와 보증부월세 간 선택에서 자산이 소득에 비해 큰 영향을 미침을 보고하고 있으며, 조준우 · 최창규(2011) 및 성은영 · 최창규(2012) 역시 유사한 분석결과를 통해 임차인의 임대계약 선택에 있어 자산 제약에 대한 효과를 보고하고 있다.

또한 금융자산이 부족한 임차인도 전월세전환율에 비해 낮은 이자율로 은행대출이 가능하다면 은행차입을 통해 전세금을 조달하는 것이 유리한 선택이 된다. 결국 이론적으로 임차인의 관점에서 전세가 항상 유리한 선택이 된다. 관련된 실증연구로 성은영 · 최창규(2012)는 임차인의 전월세선택에 있어 전월세전환율과 시장금리의 차이가 영향을 미치는지를 분석하였으나, 그리 통계적으로 설득력 있는 결과가 도출되지 못했다.[15] 이와 같이 전월세전환율과 금리 간의 격차에 대한 영향력은

15) 성은영 · 최창규(2012)가 이용한 자료는 시계열자료가 아닌 단면적자료에 대한 분석으로 결국 전국의 동일한 이자율에 대하여 지역별 전월세전환율의 차이만이 RI-스프레드(전환율과 이자율의 차이)를 결정짓게 됨으로 실질적으로는 이자율의 영향이 아닌 전월세전환율의 지역별 차이에 따른 영향을 측정하는 분석이라는 한계가 있다.

실증적으로 확인되지 못하고 있으며 향후 추가적인 검증이 필요한 연구과제라고 볼 수 있다.

관련되어 대출이자율이 임차인의 신용도에 따라 상이할 수 있다. 특히나 신용도가 낮은 저소득층의 경우 은행이 아닌 사금융을 통한 대출이자율이 전월세전환율을 상회할 수도 있다. 따라서 금융자산이 부족한 경우 지속적인 전세재계약이 필요한 각 시점마다 대출잔액을 증가시켜야 하므로 전세계약이 유리한 것만은 아니며, 전세금 대출을 통해 임차인의 신용도가 더욱 악화될 수도 있다.

그리고 임차인 측면에서 고려할 점은 전세금이나 비중이 높은 보증금의 경우 주택구입을 위해 축적된 금융자산이라는 특성도 함께 존재한다. 즉 주택구입이 유리한 시장상황이 되면 언제라도 전세금을 통해 약간의 모기지대출로 손쉽게 주택을 구입할 수 있다. 따라서 임차인의 측면에서 전세금의 기회비용은 주택구입 시에 발생할 수 있는 투자수익률이 될 수도 있다(이창무 · 최소의 · 제민혜, 2010).[16)]

임차인 관점에서 전월세전환율과 시장금리의 격차의 문제는 조금 단순화시켜 접근할 수도 있다. 즉 공급자인 임대인들 간의 경쟁을 통해 임대시장에 선적인 균형이 유지된다면 임차인 간의 균형조건에 대하여는 고민하지 않아도 될 수 있다. 즉, 다양한 선호체계를 지닌 임차인은 공급자들 간의 경쟁을 통해 형성된 임대시장의 균형조건하에서 제공될 수

16) 이러한 해석과 연결하여 생각해 볼 수 있는 상업용 임대시장에서 발생하는 현상은 오피스를 임차하는 사업자의 경우 주택시장보다 높게 형성되는 전월세전환율을 수용한다는 것이다. 즉 사업자의 경우 보증금(전세금)이라는 금융자산을 사업자금으로 활용할 경우 기대되는 투자수익률이 시장이자율보다 높을 것임으로 전세금이라는 금융자산의 수용가능한 기회비용 역시 임차인인 해당 기업의 사업자본의 기대수익률로 해석할 수도 있다.

있는 임대계약 형태 중 자신의 선호체계와 소득 및 자산과 같은 제약조건에 부과되어 최적의 임대계약을 선택하면 될 것이기 때문이다. 물론 다양한 형태의 임대계약을 포괄하는 임대료의 수준에 대한 문제는 임대인과 임차인 간의 균형조건이 요구된다.

지금까지 다양한 측면에서 살펴본 것처럼 주택전월세시장과 금융시장과의 직접적인 연결고리를 인정하는 경우 현실에서 유지되고 있는 다양한 보증금 비중의 전월세계약의 공존을 설명하지 못하는 문제점이 발생한다. 또한 그런 직접적인 연결고리가 현실에서 임대인과 임차인의 선택에 있어 주류를 형성하고 있다고 판단하기도 어렵다. 관련되어 이창무(2012b)는 임대인의 경우 주택자산대비 은행대출의 비율이 약 8%에 불과함을 보고하고 있다. 어쨌든 주택임대시장과 직접적인 금융시장과의 연결기제 및 그 연결강도에는 다양한 이슈들에 대한 의문점이 존재하며, 이러한 의문점을 풀기 위해서는 다양한 심층적인 분석들이 필요하다.

금융시장과의 장기적인 균형조건을 단기적인 주택임대시장 내 균형을 해석하기 위해 우선적으로 가정하는 경우 발생하는 가장 큰 문제점은 단기적인 균형조건에 담겨 있는 중요한 기제를 들여다 볼 창구가 없어진다는 점이다. 따라서 일반적인 균형조건을 도출하기 이전에 단기적인 주택임대시장의 부분균형조건에 대한 분석이 선행되어야 하며, 앞에서 논의된 본 연구의 주요 관점은 단기적인 주택임대시장의 부분균형조건에 맞추어져 있다. 또한 부분시장균형의 조건으로 임대인 간의 경쟁에 따른 균형을 우선적으로 고려한다. 그러나 향후 일반균형모형으로의 발전을 위해서는 그러한 임대시장 내의 부분적인 균형뿐 아니라 자본시장과의 관계 속에서 주택시장 특히 국내 주택임대시장과의 장기적인 균형관계가 어떤 구도로 형성되는지에 대한 고민을 필요로 한다.

제4장

주택유형별 시장분석

제1절 개 요

제2절 아파트시장

제3절 연립 및 다세대 주택시장

제4절 단독 및 다가구 주택시장

제5절 오피스텔시장

제 4 장

주택유형별 시장분석

앞의 3장에서 제시된 국내 주택시장 분석의 틀 및 시장지표를 이용하여 서울시 주택유형별 시장 현황 및 추세를 살펴보도록 하자. 주택유형은 아파트, 연립 · 다세대, 단독 · 다가구, 오피스텔을 포함한다. 시장지표로는 매매가, 전세가, 월세, 그리고 시장관계지표인 자본환원율, 전월세전환율, 매매가대비 전세가 비율, 그리고 보증금 분포 등의 포괄적인 지표를 활용하여 분석을 실시하였다.

제 1 절 개 요

1. 주택유형의 구분

국내 주택유형 중 아파트의 경우 그 형태가 정형화되어 있고 동일한 특성의 주택이 다수 존재하여 유사한 주택의 거래가 지속적으로 관측된다. 어찌 보면 국내에서만 독특하게 발달한 시세라는 개념의 가격정보의 유통이 가능한 이유도 이와 같이 정형화된 주택특성 때문이라고 볼 수 있다. 이로 인해 매매가격 및 임대료 정보의 획득이 용이하여 국내 주택유형 중 가장 체계적이며 방대한 양의 데이터가 구축되어 왔다.

하지만 단독·다가구와 연립·다세대의 경우는 아파트와 같은 주택의 정형화가 이루어지기 어려운 관계로, 관련된 시장정보의 구축도 충분히 이루어지지 못한 것이 현실이다. 단독·다가구와 연립·다세대의 경우에도 아파트와 같은 체계적이며 정확한 데이터가 존재하고 이를 활용할 수 있다면 정보의 부재에서 야기될 수 있는 정책적인 오판을 줄일 수 있고, 결과적으로 부동산 거래 및 투자, 대출 등 부동산관련 의사결정이 좀 더 합리적으로 이루어질 수 있을 것이다.

또한 오피스텔의 경우 상업용 부동산으로 분류되어 왔으나 그중 상당량이 주거공간으로 활용되고 있다는 점은 현실적으로 오피스텔을 주거용 부동산의 범주에서 분석할 필요성이 제기된다. 또한 1, 2인 가구의 급속한 증가로 인해 과거 주택형 거처 위주의 주택시장에서 오피스텔과 같은 비주택형 거처의 비중이 급속히 증가하고 있다. 인구주택총조사자료에 따르면 비주택형 거처 거주가구의 비율이 전국의 경우 2000년 0.5%에서 2010년 2.0%, 서울의 경우에는 0.6%에서 3.6%로 더욱 급격한 증가추세를 보인다. 본 연구에서는 오피스텔을 주택으로 간주하여 타 주택유형과의 비교를 진행하고자 한다.

주택법에 따르는 주택유형은 크게 단독주택과 공동주택의 두 유형으로 나뉜다. 우리가 흔히 이야기하는 단독주택 혹은 다가구주택은 법적으로 단독주택으로 분류된다. 반면, 아파트, 연립주택, 및 다세대주택은 공동주택에 해당된다. 그러나 단독주택으로 분류되고 있는 다가구주택 역시 현실적으로는 한 건물에 여러 세대가 거주하는 공동주택의 성격을 유지하고 있는 것이 현실이다. 또한 도시지역의 경우 다가구주택이 아닌 일반단독주택이라고 하더라도 한 층은 임대를 놓는 등 현실적으로는 다가구주택으로 기능하고 있는 주택이 다수 존재한다.

이러한 현실과 법적인 기준의 괴리는 국내 주택시장을 이해하고 분석하는 데 적지 않은 문제점을 발생시키고 있다. 엄밀한 기능적 의미에서 다가구주택과 다세대주택은 동일한 공동주택이라고 볼 수 있다. 다만 차이점은 건물단위의 소유권이 하나로 유지되는 다가구주택과 달리 다세대주택은 각 거주단위별로 분리등기가 가능하다는 점이다. 그러나 주택임대시장에서는 소유단위가 아닌 거주단위로 임대계약이 이루어지므로 다가구주택의 분석도 거주단위로 분석되어야 한다.

표 4-1 주택유형별 구분(주택법 2조 2항 기준)

특성	일반단독주택	다가구주택	아파트	다세대주택	연립주택
주택범주	단독주택		공동주택		
층	3층 이하	3층 이하	5층 이상	4층 이하	4층 이하
연면적	660m² 이하	660m² 이하	–	660m² 이하	660m² 초과
건물 내 가구수	19세대 이하	19세대 이하	2~	2~	2~
구분등기	불가능	불가능	가능	가능	가능

각 주택유형의 법적인 기준을 간단하게 살펴보도록 하자. 건축법상 단독 및 다가구 주택의 경우 개별 분양 또는 구분소유가 불가능하다. 규모면에서는 660m² 이하의 연면적을 가진 3층 이하의 구조물로서 19세

대 이하가 거주할 수 있는 주택 혹은 그 공간을 말한다. 여기서 다가구주택은 단독주택과 동일한 물리적 특성을 지니나 지난 1990년 정부가 도시 주택난을 완화하기 위해 도입한 주택형태로 분양이 아닌 임대전용으로 주택 내 가구수가 2~19가구로 제한된다. 각 가구별로 별도의 방과 부엌, 화장실, 독립된 출입구를 갖춰야 한다. 그러나 건축법상 단독주택에 포함되기 때문에 각 가구별로 구분등기가 불가능하고, 각 가구를 분리해 사고팔 수 없으며 건물 전체 단위로만 매매가 가능하다. 이처럼 다가구주택이 건축법상으로 단독주택에 포함되어 있는 관계로 공부자료를 통하여 단독과 다가구주택을 구분하기는 현실적으로 매우 어렵다.

건축법상 아파트는 공동주택으로 5층 이상의 주택을 포괄하며 건물의 각 호(戶)별로 구분소유가 가능하다. 연립 및 다세대 주택 역시 건물의 각 호(戶)별로 구분소유가 가능하나 물리적 특성에 있어 차이가 존재한다. 연립주택은 1동(棟)당 건축연면적이 660m²를 초과하는 4층 이하의 공동주택이다. 흔히 빌라(villa)라고 불리는 주택유형은 법률상 연립주택과 동일한 범주에 포함되며 관행적으로 도시지역의 고급연립주택을 지칭한다. 다세대주택은 연립주택과 마찬가지로 전체 층이 4층 이하이나 연면적은 660m² 이하인 주택으로 건물 내 가구수는 2가구 이상이다. 상업용 등 다른 용도와 복합해 지을 경우 주거부분만 4층 이하이면 된다. 가구별로 구분등기가 가능하다는 점이 다가구주택과 가장 큰 차이이나 이 밖에 일조기준 · 이격거리 · 주차장설치기준 등 건축제한정도가 다가구주택보다 강하게 요구된다.

오피스텔은 오피스(Office)와 호텔(Hotel)의 합성어이며 건축법상으로는 업무시설로 분류되어 있다. 우리나라는 IMF를 계기로 침체되었던 부동산경기의 활성화와 함께 오피스텔의 상대적인 규제완화로 인해 오피스텔시장에 분양 붐이 일어났다. IMF 이후 운영소득이 부동산투자에 있어 중요한 판단의 기준이 되었고, 오피스텔과 같은 수익형 부동산의 경우 선호되는 투자대상으로서 임대수요가 높은 지역을 중심으로 급속한 공급과 활발한 분양이 이루어졌다.[1)]

그러나 현실적으로는 많은 비중의 오피스텔이 주거전용으로 활용되고 있는 실정이다. 이러한 의도되지 않은 용도전용을 규제하기 위해 오피스텔의 단위구성에 대한 까다로운 규정이 도입되었다. 이로 인해 오피스텔은 아파트와 비교할 때 전용면적 비율이 낮고, 업무시설로 구분되어 욕조가 있는 욕실을 설치할 수 없는 단점이 있다. 또한 각 세대별 발코니 설치 금지, 업무용도 외에 타 용도와 같이 사용되는 경우 오피스텔 전용출입구 설치, 상대적으로 비싼 관리비 등의 단점을 갖게 되었다(이상영 · 김병욱, 2002). 그럼에도 불구하고 오피스텔은 국내에서 주택의 또 다른 유형으로 자리를 잡아가고 있으며, 시장상황에 따라 관련된 규제의 완화와 강화가 반복되고 있다.

2010년 인구주택총조사결과에 따르면 서울시 주택유형 중 아파트가 58.8%를 차지했다. 그러나 거처단위의 숫자를 파악하기 위해 가구별 집계를 살펴보면 아파트가 42.6%를 차지하고 있어 소유권단위에 기초한 주택통계와 거처단위에 기초한 가구수통계 간 적지 않은 차이를 보여 준다. 이러한 차이는 앞서 언급한 것과 같이 다가구주택의 경우 소유단위 주택수로는 1채이나 거처단위로는 다수의 가구를 위한 거처를 제공하고 있는 주택이기 때문에 발생하는 편차이다. 이러한 문제는 국내

1) 이는 오피스텔의 공급과잉을 초래하였고 이로 인해 매매가 둔화와 임대료 약세, 향후 분양에 대한 비관론이 커지면서 분양계획이 연기되거나 신규개발계획이 진행되지 못하는 상황이 일어나게 되었다(이상영 · 김병욱, 2002).

주택의 재고량, 신규공급량, 멸실량을 파악하는 데도 많은 어려움을 발생시키고 있는 것이 현실이다. 차후 국내 주택시장의 현황을 합리적으로 파악하기 위해서는 다가구주택의 거처단위 통계를 합리적으로 개선하고자 하는 노력이 필요할 것으로 판단된다.

2. 분석방법

분석의 틀은 매매시장과 보증부월세와 전세가 공존하는 국내 임대시장의 상호 연관된 구조를 설명하기 위해 앞에서 언급한 삼차원모형에 기초한다. 주택유형별 시장을 해석하기 위해 이용되는 시장분석지표는 크게 가격지표와 하부시장 간 관계지표로 대별된다. 가격지표는 매매시장의 가격특성을 보여 주는 매매가 및 매매가지수, 전세시장의 전세가 및 전세가지수, 그리고 가상적인 순수월세시장의 전환연세 및 월세지수로 나누어진다. 관계지표로는 매매시장과 순수월세시장의 관계를 나타내는 잠재임대수익률(잠재자본환원율),[2] 매매시장과 전세시장 간의 매매가대비 전세가(전세가/매매가) 비율, 순수월세와 전세시장 간의 전월세전환율을 선택하여 살펴본다. 그리고 마지막으로 보증부월세의 월세 비중의 변화 추세를 살펴보기 위한 보증금대비 월세(월세/보증금) 비율로 나누어진다.

본 연구에서는 각각의 지표산출이 가능한 서울시 자료를 이용하여 최소한 2004~13년간의 10개년 지표를 산출하여 현재의 상황과 시계열

---

2) 관련된 공실 및 운영비용을 고려하지 않은 임대수입에 기초한 지표로 그 성격을 명확히 하기 위해 잠재임대수익률 및 잠재자본환원율이라는 용어를 사용한다.

적인 변화 추이를 살펴볼 수 있도록 구성하였다. 서울시를 선택한 이유는 가능한 자료의 축적이 장기간 이루어진 유일한 행정구역이며, 항상 관심의 대상이 되는 지역이기 때문이다. 이용한 자료는 부동산114(주)에서 축적하고 있는 자료로, 표준화된 시세조사가 가능한 아파트와 오피스텔의 경우는 매월 조사되는 시세자료를 이용하였다. 그러나 단독 · 다가구 주택 및 연립 · 다세대 주택의 경우는 시세조사가 원활히 이루어질 수 없는 관계로 매물자료를 활용하였다. 매물자료의 경우 시세조사 자료에 비해 그 신뢰성이 떨어지는 문제점이 있으나 시장가격을 끊임없이 더 높게 부르거나 혹은 더 낮게 부를 수 없으므로 장기적인 시계열 추세를 분석하는 데는 큰 무리가 없다고 판단한다.

제 2 절 아파트시장

1. 시장지표

아파트시장은 부동산 114(주)의 서울시 아파트 시세자료를 사용하여 살펴보기로 한다. 각 시점별 매매가, 전세가, 월세지수의 추이는 [그림 4-1]과 같다.[3] 월세지수의 경우 평균적인 전월세전환율을 이용하는 관계로 분석의 특성상 앞에서 논의된 월세미납 혹은 공실에 따른 위험프

3) 자세한 월세지수 산정방법은 이창무 · 김동근 · 안건혁(2003) 참조.

리미엄은 명확히 고려되지 않는 분석임을 밝힌다.

다른 주택유형의 자료와 시점을 일치시키기 위해 2004년 1월을 기준시점으로 지수를 산정하였다. 매매가의 경우 2004년 정체된 기간이 있었으나 2008년까지 꾸준히 상승하다 국제금융위기 시기에 급락 및 반등 후 안정적인 하락세를 나타내고 있다. 반면 전세는 2005년 초반까지 하락세를 유지하다 이후 지속적인 상승세를 나타내고 있다. 월세지수의 경우는 2006년 초반까지 하락세를 유지하다 반등하여 꾸준한 상승세를 보이다 2012년 중반 이후 정체 또는 소폭으로 하락하고 있다.

최근 10년간의 누적상승률을 보면 매매가의 경우는 48%, 전세가는 78%, 월세는 29%의 상승률로 상당한 편차를 보이고 있다. 그 변동추세 역시 동일한 움직임이라고 보기에는 상당한 시점별 차이를 보여 주고 있다. 특히 최근 논란이 되고 있는 전세가 앙등과 관련하여 2000년대 초반 급등하던 전세가가 매매가의 앙등이 시작되고 일정기간이 경과한 이후 2002년 말을 기점으로 안정적인 하락세로 반전되어 2005년 중반까지 지속되었음을 볼 수 있다. 반면 2002년 중반 관측이 시작된 월세의 경우 지속적인 하락세를 유지하다가 2006년에 접어들면서야 비로소 상승세로 전환되었음을 알 수 있다.

전월세전환율의 추이는 2007년과 2008년 약간의 상승세를 보였으나 전반적으로는 지속적인 하락세를 나타낸다. 그러나 장기적으로 보면 2002년 10.0%에서 2013년 말 6.1%로 지속적으로 하락하는 추세를 보이고 있어 장기적인 추세는 전월세전환율과 이자율이 동조화된다고 판단할 수 있다. 그러나 2013년 말 현재 3.4%를 유지하고 있는 3년만기 회사채수익률과 비교하면 2008년의 국제금융위기 기간을 제외하면 대략 2~6%p 정도의 상당한 격차가 유지되고 있음을 알 수 있다. 단기적

그림 4-1 서울시 아파트의 매매, 전세, 월세 지수

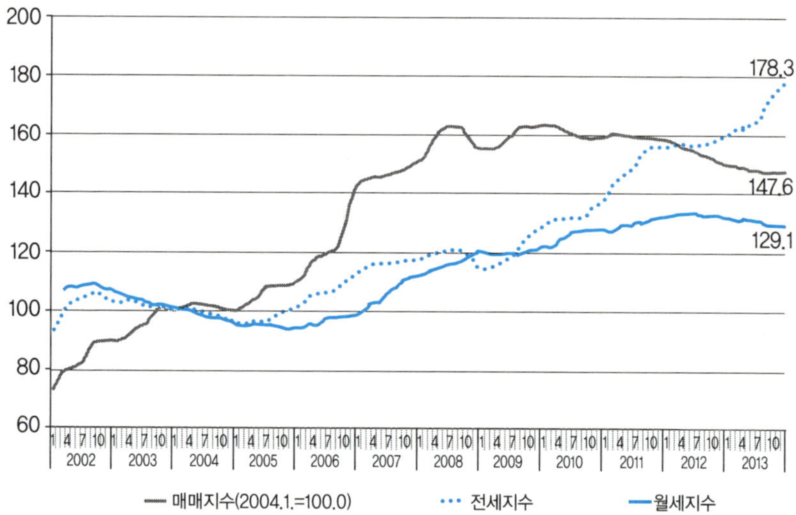

자료 : 부동산114(주) 서울시 시세자료.

인 변동추이를 보면 이자율의 상승이 발생했던 2005~07년 기간 동안 전월세전환율은 오히려 하락하는 추세를 보이는 등 유사하다고는 볼 수 없는 양상을 보여 준다.

지표의 수준으로 보면 잠재자본환원율이 이자율의 수준과 유사한 양상을 보여준다. 특히 2013년 말 현재 잠재자본환원율은 3.4%로 3.3%의 이자율과 엇비슷한 수준을 유지하고 있다. 이전 시점의 추세를 살펴보면 변동성이 큰 이자율에 비해 잠재자본환원율은 안정적인 움직임을 보이고 있다. 장기적으로 하락하는 추세는 유사하다고 볼 수 있으나 단기적인 변동은 2005~11년에 관측되듯 방향성이 꼭 일치하지는 않는 양상을 보여 준다.

매매가대비 전세가 비율은 2002년 57% 수준에서 2008년 말 34% 수준까지 떨어졌다가 현재 55%로 상승하는 변화를 겪었다. 2013년 말 현재의 수준은 2002년 말의 매매가대비 전세가 비율에 근접하고 있는 상황이다. 이와 같이 하부시장 간 관계지표 역시 유사한 움직임을 보인다고 보기에는 어려운 독립적인 추세를 읽을 수 있다.

그림 4-2 서울시 아파트의 전세/매매비율, 전월세전환율, (잠재)자본환원율 추세

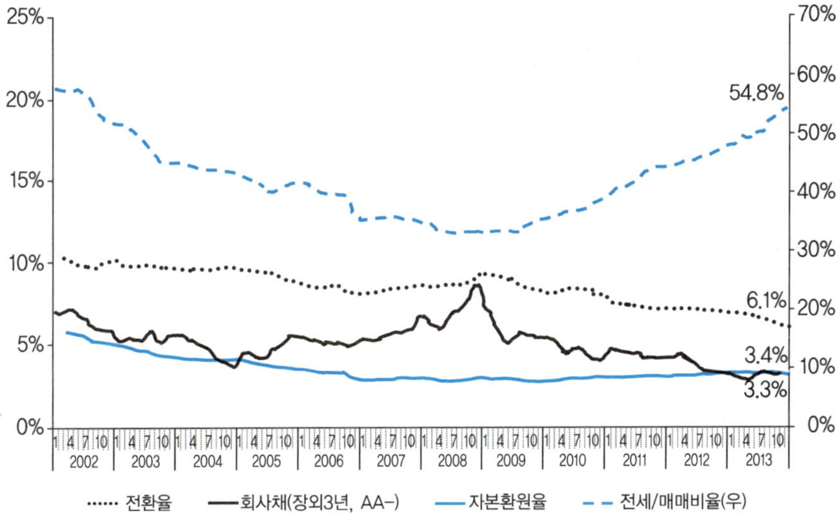

자료 : 부동산114(주) 서울시 시세자료.

전월세 확정신고자료를 이용하여 각 연세대비 보증금 구간별로 추정된 보증금-월세 전환율을 살펴보면 앞서 이론적 파트에서 제시된 시세자료를 이용한 분석결과와 유사하나 단독 · 다가구/연립 · 다세대와는 달리 전환율이 보증금 비중이 높아질수록 낮아지다가 일정한 수준을 유지 또는 소폭의 하락세를 보이는 것으로 나타났다(그림 4-3). 특히 2011년과 2012년의 경우 전환율 하락은 보증금이 연세의 2.5배 이상의 수준에서 멈추는 관계가 관측되나 2013년의 경우는 전환율이 보증금 비중의 증가에 따라 지속적으로 감소하는 현상이 관측된다. 이는 전세에서 반전세로 갈 때 임차인의 저항을 고려해 월세의 전환율을 낮게 적용하는 현상이 발생하기 때문으로 추론된다. 다만 좀 더 확대된 자료를 이용한 추가적인 실증분석이 요구되는 현상이다.

그림 4-3 아파트 보증금 비중(보증금/연세 배율)에 따른 보증금-월세 전환율 변화

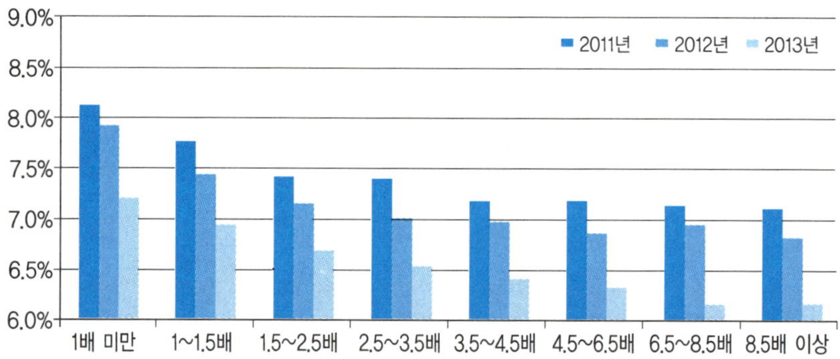

자료 : 서울시 전월세 확정신고자료(2011.1.~2013.12.).

보증금 비중과 관련해서 시세조사자료의 경우 실제 분포를 보여 주기에는 한계가 있는 관계로 2011년부터 축적되기 시작한 국토교통부 전월세 확정신고자료를 통해 살펴보았다. 여기서는 전체 임대계약 중 전세 비중, 전체 임대계약 중 전세대비 보증금 비중 평균, 그리고 보증부월세 계약 중 전세대비 보증금 비중의 분포를 살펴본다.

그림 4-4 아파트 전세계약 비율 및 전세대비 보증금 비율 변화추세

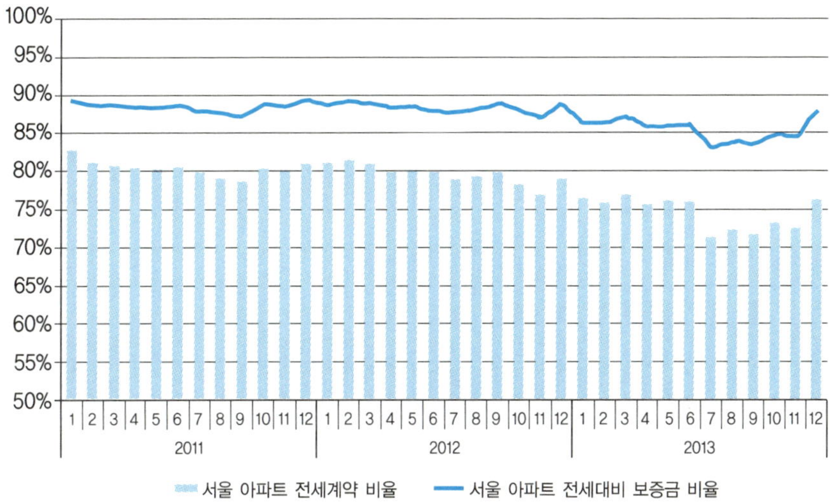

자료 : 서울시 전월세 확정신고자료(2011.1.~2013.12.).

우선 월별 전체 임대계약 중 전세의 비율의 변화를 살펴보면 2011년 1분기 81.3%에서 2013년 3분기 71.7%로 꾸준히 감소하고 있음을 보여준다. 그러나 2013년 후반에는 전세비율의 감소추세가 안정화되고 있음을 알 수 있다.

다음으로 우리가 흔히 월세라고 부르는 보증부월세의 경우 상당한 보증금이 유지되고 있어 해외의 순수월세와는 분명히 다른 성격을 지니고 있다. 특히나 반전세의 경우 전세에 가까운 보증금이 유지되는 계약으로 월세와 전세의 분류만으로는 임대시장에서 보증금 비중의 변화를 적절히 읽어내기 어렵다. 이러한 문제를 극복하기 위해 전체 임대계약에 있어서 유지되고 있는 보증금 비중의 변화를 전세대비 보증금 비율

의 평균값으로 대표하여 살펴보았다. 이 경우 전세는 그 비율이 1이 되며, 보증부월세의 경우 전월세전환율을 이용하여 산정된 가상전세와 관측된 보증금과의 비율을 이용하여 1보다 작은 값을 갖게 된다.[4] 분석결과는 전세의 비중이 상당히 낮아졌음에도 전체 임대계약의 전세대비 보증금 비율은 2013년 1분기 86.5%에서 2013년 3분기 83.5%로 미소한 변화만이 발생했음을 알 수 있다. 이 결과를 수용하면 최근 월세화가 급속히 진행되었다고 하나, 실질적인 보증금 비중의 변화는 크게 발생했다고 볼 수 없음을 말해 준다.

다음으로 전체 임대계약이 아닌 보증부월세 중 보증금 비중의 분포를 전세대비 보증금 비율을 지표로 하여 상세하게 살펴보았다. 연도별 분석결과가 [그림 4-5]에 제시되어 있다.

아파트의 경우 전세대비 보증금 비율의 분포를 보면 보증부월세 임대계약이 모든 구간에 산재되어 있는 양상을 읽을 수 있다. 그럼에도 불구하고 보증금이 전세의 10~15% 정도(보증금이 약 2년치 월세에 해당하는 구간)를 유지하는 구간에서 가장 피크를 이루고 있으며 그 구간의 계약이 약 10%를 약간 상회하는 비중을 차지하고 있다. 분포패턴으로 판단할 때 흥미로운 현상은 보증금이 전세금의 70% 이상인 구간에서 또 다른 피크가 형성되어 있음을 관측할 수 있다. 이 경우가 우리가 흔히 이야기하는 반전세계약에 해당한다고 볼 수 있다.

---

4) 가상전세 = 관측된 보증금 + (12 × 관측된 월세) / 전월세전환율. 여기서 전세대비 보증금 비율을 지표로 이용한 이유는 보증금/연세 배율의 경우 월세가 작아질수록 대응되는 보증금은 커져 그 배율이 기하급수적으로 높아지고, 역으로 월세가 많아질수록 그 배율이 급하게 감소하는 특성을 지니고 있어 안정적인 지표로 활용하는 데 한계가 있기 때문이다. 한 예로 전세의 경우 보증금/연세 배율은 무한대의 값이 된다. 따라서 전세를 포괄하는 보증금 비중의 변화를 보기 위해서는 전세대비 보증금 비율이란 지표의 활용이 요구된다.

그림 4-5 아파트 보증부월세의 전세대비 보증금 비율에 따른 계약빈도수

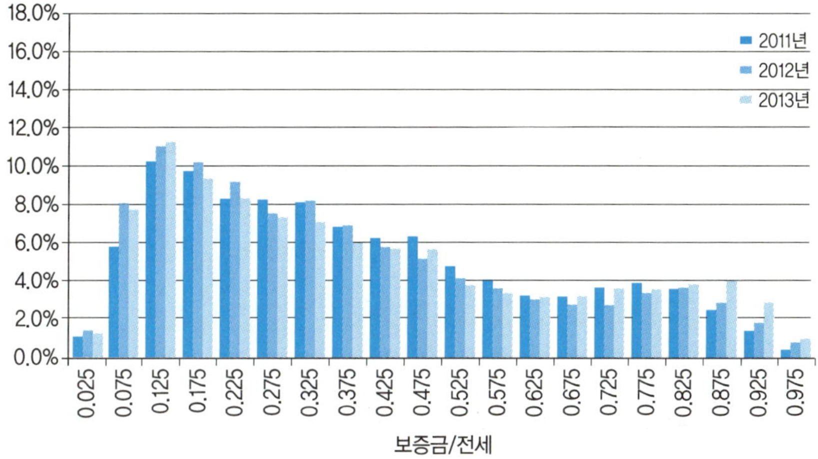

자료 : 서울시 전월세 확정신고자료(2011.1.~2013.12.).

시계열적인 변화추세를 보면 역시 2011년보다 2012년에서 보증금/전세가 낮은 구간에서 비율이 상승하고 있는 반면, 2013년은 혼재되어 있다. 아파트의 경우 다른 주택유형과 달리 보증금/전세가 높은 구간에서 비율이 상승하고 있는데, 상대적으로 높은 상승률을 보인 전세가 전환되는 반전세계약이 늘어나는 현상이 2013년에 관측된다.

2. 투자수익률 및 리스크 분석

보증금을 자기자본을 줄이는 레버리지 수단으로 활용할 경우 전세대비 보증금의 비중을 0%(순수월세), 20%, 40%, 60%, 80%, 100%(전세)로

변화시킬 때 결과적으로 산출되는 각 시점의 전년 동월 기준 자기자본 총수익률의 변동은 [그림 4-6]과 같다.[5] 보증금 비중에 따른 자기자본 총수익률을 살펴보면, 매매가급등기인 2007년 1월에 자기자본 총수익률이 전세의 경우는 50.4%, 순수월세의 경우는 33.0%에 달했다. 반면 가격급락기를 거친 2012년 12월에는 역으로 전세의 경우 -9.0%, 순수월세의 경우 -1.7%의 자기자본 총수익률이 발생했던 것으로 산정된다. 즉, 매매가격상승기에는 레버리지 효과가 발생하여 전세의 투자수익률이 순수월세에 비해 높은 반면 가격안정기에는 역의 효과가 발생하여

그림 4-6 보증금 비중에 따른 명목투자수익률 변화

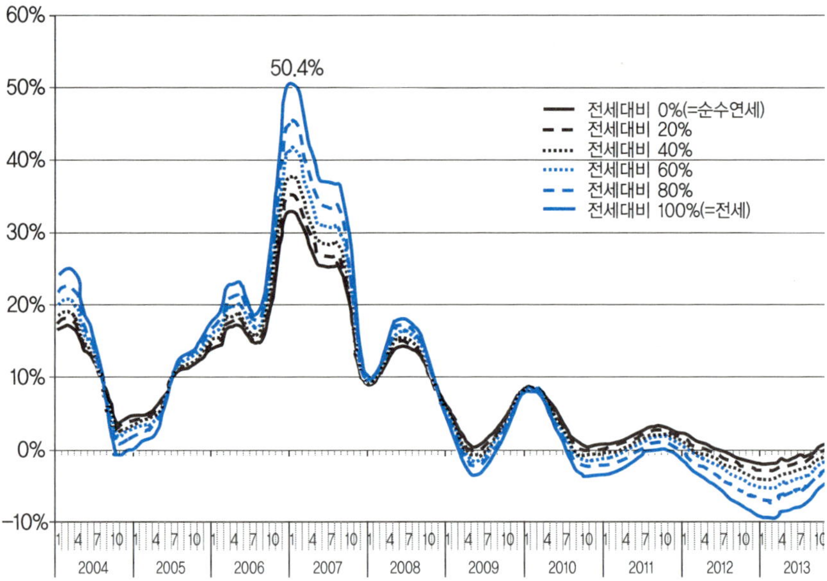

자료 : 부동산114(주) 서울시 아파트 시세자료.

5) 상세한 산정방법에 대하여는 이창무(2012a) 참조.

순수월세의 투자수익률이 전세에 비해 높음을 알 수 있다.

또한 2005년 중반, 2008년 후반, 그리고 2010년 초반에는 보증금 비중에 상관없이 전환율과 유사한 수준의 총수익률이 유지되어 보증금 비중에 따른 수익률의 편차가 크지 않게 산출되었다. 이는 투자대상의 수익률이 대출금리와 유사한 경우 레버리지 효과가 발생하지 않는 현상과 동일하다.

기대수익률과 위험도 지표의 사후적인 총수익률의 평균과 표준편차를 계산하면 〈표 4-2〉와 같다. 순수월세의 경우 평균적인 기대수익률이 9.2%이고, 위험도를 나타내는 표준편차가 8.8%이나 전세대비 보증금의 비중이 높아질수록 기대수익률이 10.0%로 높아지고 위험도 또한 15.3%로 상승한다. 즉, 보증금의 비중이 높을수록 위험프리미엄이 요구되며, 레버리지 효과를 추구하는 보증금의 비중을 높이는 선택은 고위험, 고수익률을 추구하는 선택이라고 볼 수 있다.

표 4-2 전세대비 보증금 비중에 따른 총수익률 평균과 표준편차

구분	지표	전세대비 보증금 비중					
		0% (=순수월세)	20%	40%	60%	80%	100% (=전세)
총수익률	평균	9.2%	9.2%	9.3%	9.5%	9.7%	10.0%
	표준편차	8.8%	9.6%	10.6%	11.7%	13.3%	15.3%
임대수익률	평균	3.6%	3.2%	2.6%	2.0%	1.1%	0.0%
	표준편차	0.8%	0.7%	0.7%	0.5%	0.3%	0.0%
자본수익률	평균	5.5%	6.1%	6.7%	7.5%	8.6%	10.0%
	표준편차	8.5%	9.3%	10.3%	11.5%	13.1%	15.3%

자료 : 부동산114(주) 서울시 아파트 시세자료.

총수익률을 구성하는 임대수익률과 자본수익률로 나누어 평균과 표준편차를 계산하면 임대수익률의 경우는 보증금 비중이 증가할수록 3.6%에서 0.0%로 감소하며, 동시에 표준편차도 0.8%에서 0.0%로 감소한다. 반면 자본수익률은 순수월세의 경우 5.5%에서 전세의 경우 10.0%로 증가함과 동시에 표준편차도 8.5%에서 15.3%로 급격히 증가한다. 즉 보증금의 비중을 증가시키는 것이 안정적이지만 낮은 임대수익을 포기하고 불안정하지만 높은 자본수익률에 대한 레버리지 효과를 추구하는 행태임을 다시 한 번 확인할 수 있다.

참고로 분석된 사후수익률과 리스크 측정치를 이용하여 레버리지 리스크를 고려한 이론적인 전월세전환율을 산정하면 8.1%로 관측된 전월세전환율의 평균치인 8.6%와 유사한 수준을 보인다.[6] 이는 이론적인 모형에서 도출된 전월세전환율의 결정구조가 현실적인 시장을 설명하는 데 큰 무리가 없음을 보여 주는 결과이다.

6) 앞의 식 (6)에 기초하여 유도되고 〈표 3-3〉에 제시된 전월세전환율($-\partial R/\partial D$)은 다음 식과 같이 실증분석용으로 전환될 수 있다.

$$-\frac{\partial R}{\partial D} = r_0 + [r(C) - r_0]\frac{1 - C/P}{C/P}$$

여기서 순수월세(9.5%) 및 전세(10.6%)의 기대총수익률, 그리고 매매가대비 전세가 비율(44.5%)은 분석기간의 평균치를 이용하였다. 관련된 유도과정은 이창무(2012a) 참조.

제 3 절 연립 및 다세대 주택시장

1. 시장지표

최근 실거래신고자료 및 전월세 확정신고자료가 축적되면서 비아파트 주택시장에 대한 분석이 과거에 비해 용이해지기는 했으나 장기 시계열 자료의 부족 및 관련 지표개발이 충분치 않은 관계로 부동산114 매물데이터를 이용하여 분석하였다. 매물자료의 특성상 시장가격이 아닌 호가의 성격이 다분히 포함되어 있으며, 매물자료의 관리상 중복매물이 존재할 수 있다. 이와 같이 자료의 문제점이 없지는 않으나 매물자료가 다가구 및 다세대 주택임대시장을 장기적으로 분석할 수 있는 유일한 자료라는 점을 밝혀 둔다.

우선 연립 · 다세대의 각 시점별 매매가, 전세가, 월세지수 추이는 [그림 4-7]과 같다. 연립 · 다세대의 경우 2006년 중반까지 안정세를 유지하다가 서울시의 뉴타운사업이 활황일 때 분양권을 인정받을 수 있는 소유단위의 소형 다세대주택에 대한 투기적인 수요가 발생하여 2006년 중반에서 2008년 중반까지 80%에 가까운 매매가의 상승이 발생했음을 볼 수 있다. 이후 뉴타운사업의 부진 및 토지거래허가 기준의 강화를 통해 가격의 안정세가 이루어졌다.

반면 전세의 경우 2005년 말까지 하락세를 유지하다가 이후 지속적으로 상승세로 전환하여 결국 최근 10년간 76%의 누적상승률이 발생했다. 월세의 경우도 비슷한 추세를 보이고는 있으나 10년간의 누적상승

그림 4-7 서울시 연립 및 다세대 주택의 매매, 전세, 월세 지수

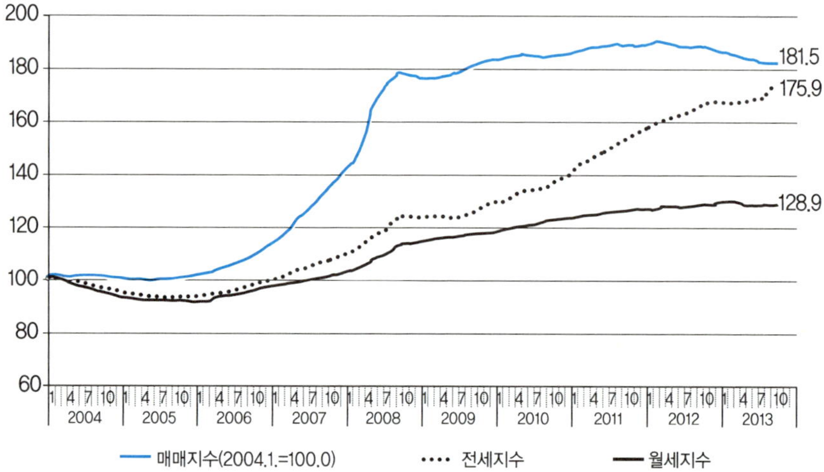

자료 : 부동산114(주) 서울시 매물자료.

률이 29%에 불과함을 알 수 있다. 결국 전세와 월세 모두 꾸준히 상승하고 있으나 특히 최근 4년간 전세의 상승세가 월세에 비해 가파르게 발생하고 있음을 관측할 수 있다.

전환율은 2004년 약 11% 수준에서 2013년 말 7.6%로 꾸준히 하락하고 있다(그림 4-8). 반면 (잠재)자본환원율은 2004년 7% 수준에서 2009년 5% 이하로 하락하였다가 이후 미미한 상승세를 유지하여 2013년 말에는 5.1%를 나타낸다. 아파트의 경우와 마찬가지로 자본환원율이 시장이자율과 유사한 수준으로 유지되고 있다. 전세/매매가 비율은 2004년 60%를 상회하는 수준에서 2008년 50% 이하로 하락하였다가 이후 지속적으로 상승하여 2013년 말에는 62%에 육박하고 있다.

전월세 확정신고자료를 이용하여 주택유형별로 보증금 비중에 따른

그림 4-8 서울시 연립 및 다세대 주택의 전세/매매비율, 전월세전환율, (잠재)자본환원율 추세

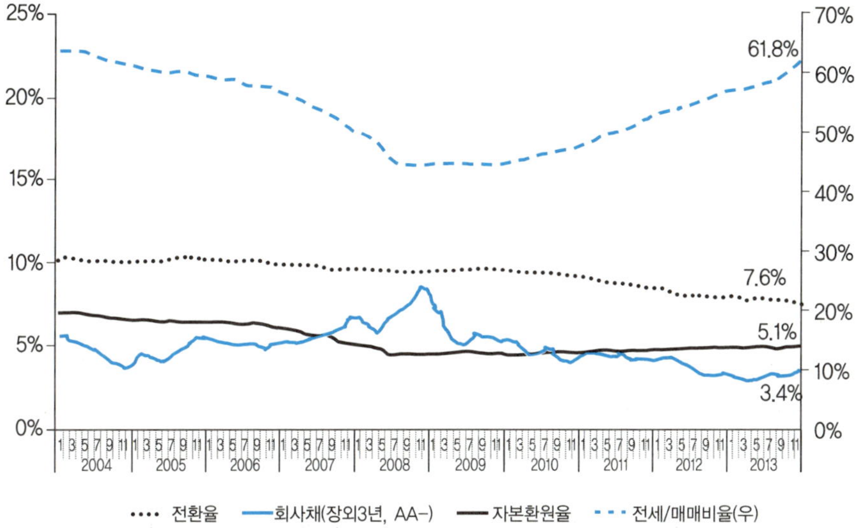

자료 : 부동산114(주) 서울시 매물자료.

그림 4-9 연립 및 다세대 주택의 보증금 비중에 따른 보증금-월세 전환율 변화

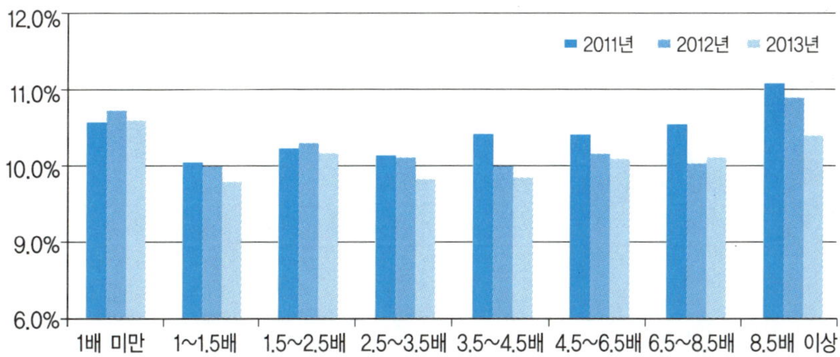

자료 : 서울시 전월세 확정신고자료(2011.1.~2013.12.).

전환율 변화를 살펴보면, 앞의 모형 파트에서 제시된 매물자료를 이용한 분석결과와 비슷한 추세를 보인다(그림 4-9). 다시 말해서, 연립 · 다세대의 경우 전환율이 보증금 비중이 높아질수록 낮아졌다가 일정한 보증금 비중 이후 다시 상승하는 것으로 나타났다. 이는 월세미납위험과 공실위험이 복합적으로 작용하는 결과로 이론적인 분석결과와 일치한다.

연립 · 다세대의 전세계약 비율은 2011년 1분기 71.1%에서 2013년 4분기 64.7%로 꾸준히 감소하였다. 또한 전체 임대계약의 전세대비 보증금 비율 평균도 2011년 1분기 82.3%에서 2013년 4분기 77.0%로 꾸준한 하락이 관측되었다. 그러나 연립 · 다세대 역시 급속한 월세화라고 보기에는 전체 보증금 비중의 감소가 급격하다고는 볼 수 없는 수준이다.

그림 4-10 연립 및 다세대 주택의 전세계약 비율 및 전세대비 보증금 비율 변화추세

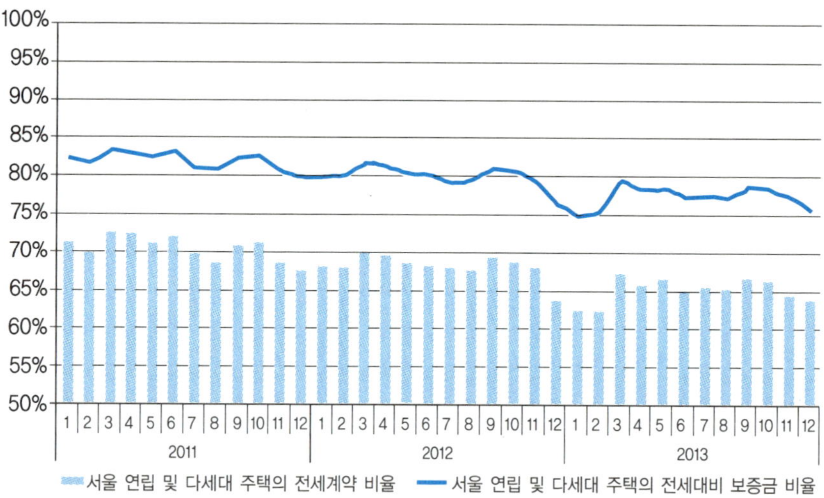

자료 : 서울시 전월세 확정신고자료(2011.1.~2013.12.).

보증부월세계약의 전세대비 보증금 비율의 분포를 살펴보면 연립 · 다세대 역시 모든 보증금 비중 구간에 분산되어 있는 분포를 보여준다 (그림 4-11). 다만 아파트와 유사하게 보증금이 전세의 10~15% 되는 구간에서 피크가 관측되며, 그 구간의 비율도 10% 내외로 아파트의 경우와 유사하다. 반전세에 해당되는 구간에서 또 다른 피크가 관측되는 현상도 동일하나 다만 그 강도는 아파트에 비해 약하다.

그림 4-11 연립 및 다세대 주택의 전세대비 보증금 비율에 따른 계약 빈도수

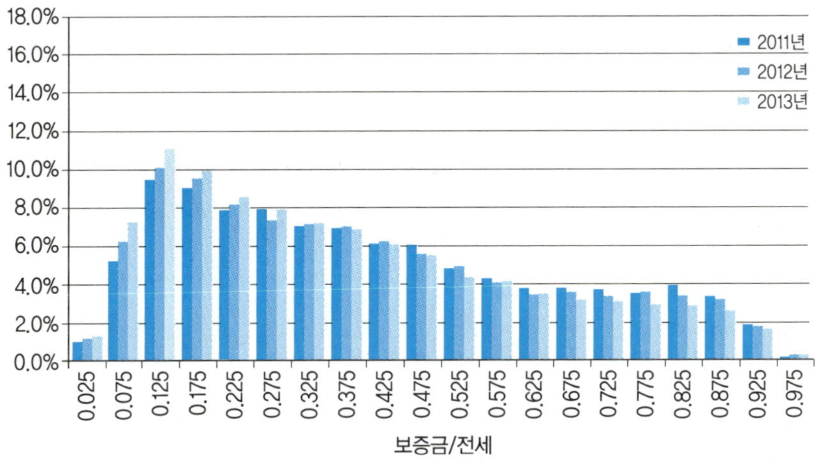

자료 : 서울시 전월세 확정신고자료(2011.1.~2013.12.).

시계열추세를 살펴보면 2011년과 2013년 사이에 보증금/전세 비율이 낮은 구간에서 관측빈도 비율이 상승한 것으로 나타난다. 다만 특이한 점은 2013년으로 갈수록 반전세의 계약 비중이 점차 감소하는 현상이 관측된다. 이는 반전세의 비중이 점점 강화되는 아파트와는 다른 현상으로 볼 수 있다.

2. 투자수익률 및 리스크 분석

각 시점별로 전세대비 보증금의 비율별로 발생한 사후 자본수익률과 사후 임대수익률을 기초로 사후 총투자수익률의 변동을 살펴보면 [그림 4-12]와 같다. 가격이 안정되었던 2005년이나 2010년 이후는 10% 이하의 총수익률을 나타내나, 가격상승률이 높았던 2008년에는 전세의 경우 75%에 가까운 사후 연간총투자수익률이 달성되었다. 다만 가격하락

그림 4-12 연립 및 다세대 주택의 증금 비중에 따른 명목투자수익률 변화

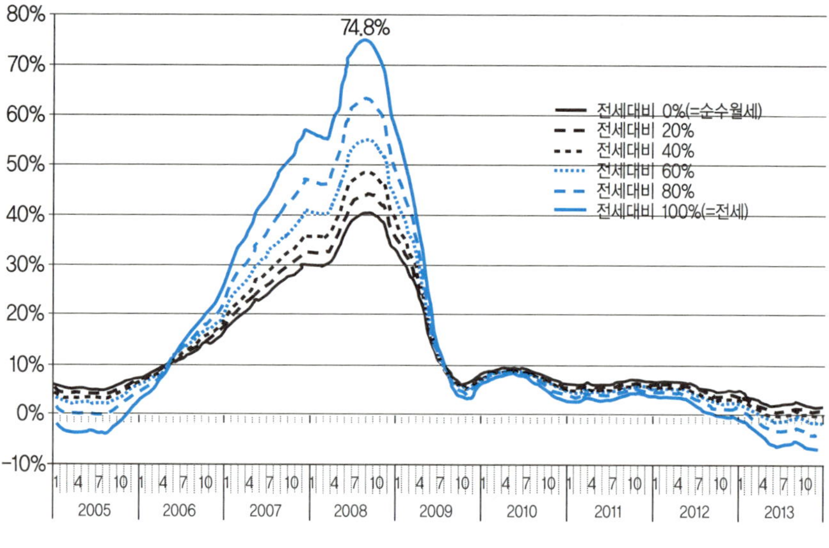

자료 : 부동산114(주) 서울시 매물자료.

기인 2005년과 2012년 후반에는 마이너스의 총수익률이 발생했다.

이를 기초로 분석이 가능한 2005~2013년의 평균적인 사후수익률과 그 표준편차를 계산하면 다음의 〈표 4-3〉과 같다. 순수월세를 가정한 임대수익률의 경우는 평균이 5.6%로 나타나며 당연한 현상이지만 전세로 갈수록 임대수익률은 0.0%로 감소한다. 자본수익률의 경우는 순수월세의 경우 7.6%, 레버리지 효과를 누리는 전세의 경우는 무려 16.4%가 평균치로 산정되었다.

이를 합산한 총수익률의 경우는 순수월세의 경우 13.1%에서 전세의 경우 16.4%로 상승함을 알 수 있다. 반면 연간총수익률의 표준편차는 순수월세의 경우 11.0%, 전세의 경우 23.4%로 두 배 이상의 리스크(표준편차)가 존재함을 알 수 있다.

표 4-3 연립 및 다세대 주택의 전세대비 보증금 비중에 따른 총수익률 평균과 표준편차

구분	지표	전세대비 보증금 비중					
		0% (=순수월세)	20%	40%	60%	80%	100% (=전세)
총수익률	평균	13.1%	13.5%	13.9%	14.5%	15.3%	16.4%
	표준편차	11.0%	12.2%	13.8%	16.0%	19.0%	23.4%
임대수익률	평균	5.6%	5.1%	4.6%	3.8%	2.7%	0.9%
	표준편차	1.1%	1.1%	1.0%	0.9%	0.6%	0.0%
자본수익률	평균	7.6%	8.5%	9.6%	11.2%	13.3%	16.4%
	표준편차	10.7%	12.0%	13.6%	15.8%	18.9%	23.4%

자료 : 부동산114(주) 서울시 매물자료.

참고로 분석된 사후수익률과 리스크 측정치를 이용하여 레버리지 리스크만을 고려한 이론적인 전월세전환율을 산정하면 9.8%로 관측된 전월세전환율의 평균치인 9.9%와 유사한 수준을 보인다.

제 4 절 단독 및 다가구 주택시장

시장지표

단독 및 다가구 주택시장 상황을 부동산114(주)의 서울시 비아파트 매물자료를 이용하여 살펴보자. 우선 단독 · 다가구 주택의 각 시점별 매매가, 전세가, 월세지수와 전월세전환율 추이는 [그림 4-13]과 같다. 매매가의 경우 2008년 급등세를 보였으나 이후 점차적으로 안정세로 전환하였다. 그러나 2004년부터 2013년까지 10년간의 누적상승률은 93%로 나타나 오히려 아파트 및 연립 · 다세대 주택의 누적상승률을 약간 상회하고 있다. 전세 및 월세는 2006년 초를 저점으로 다시 상승하여 전세의 경우 누적상승률 57%, 월세의 경우는 21%를 나타내고 있다. 시장관계지표로서 유일하게 관측이 가능한 전환율은 2004년 12%를 약간 상회하는 수준에서 2013년 9% 수준으로 하락하였다. 이는 아파트 및 연립 · 다세대 주택에 비해 높은 수준이다.

다가구주택의 경우 거주단위에 대한 임대료 정보이고, 매매가 정보는 소유단위인 건물단위로 여러 채의 다가구 거주단위가 한 건물에 포함된 관계로 임대료와 가격 간의 관계를 명확히 설정할 수 없는 한계로 인해 전세/매매가 비율 및 자본환원율의 산정이 불가능하다. 이는 건물

단위의 모든 임대료 정보가 취득되어야 매매가와 임대료에 대한 관계지표가 산정될 수 있어 추후 관련된 조사 및 분석이 요구되는 사안이다. 따라서 임대료와 가격 간의 연결고리를 구성하기가 어려워 적절한 수익률분석이 불가능함을 밝힌다.

그림 4-13 서울시 단독 및 다가구 주택의 시장지표

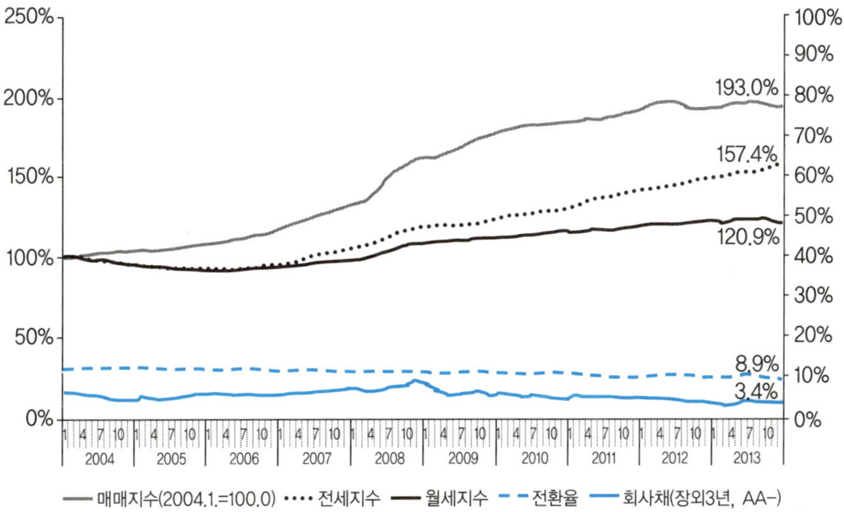

자료 : 부동산114(주) 서울시 매물자료.

전월세 확정신고자료를 이용하여 보증금 비중에 따른 전환율 변화를 살펴보면 단독 · 다가구의 경우 전월세전환율이 보증금 비중이 높아질수록 낮아졌다가 일정한 보증금 비중 이후 다시 상승하는 것으로 나타났다. 이는 월세미납위험과 공실위험이 복합적으로 작용하는 결과로 이론적인 분석결과와 일치한다. 특히 단독 · 다가구의 경우 보증금이 연세의 2배 정도의 수준부터 보증금-월세 전환율이 급격히 상승하는 구조를 보여준다.

그림 4-14 단독 및 다가구 주택의 보증금 비중에 따른 보증금-월세 전환율 변화

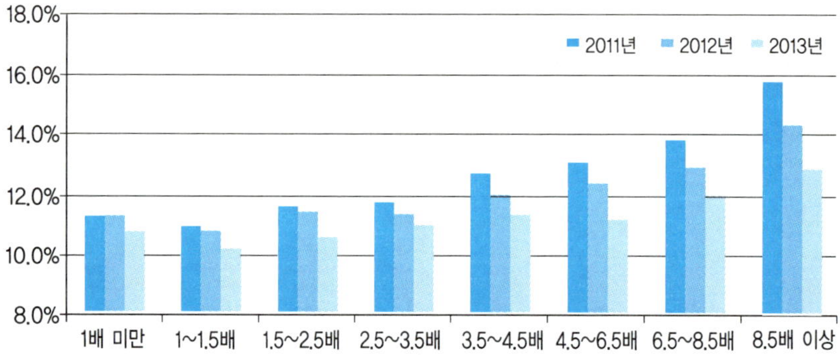

자료 : 서울시 전월세 확정신고자료(2011.1.~2013.12.).

단독 · 다가구의 전세계약 비율은 2011년 1분기 54.9%에서 2013년 4분기 54.2%로 다른 주택유형에 비하여 안정세를 보임을 알 수 있다. 전체 임대계약의 전세대비 보증금 비율은 2011년 1분기 69.4%에서 2013년 4분기 67.8%로 미미한 변화만이 발생했음을 알 수 있다. 단독 · 다가구의 경우 이미 상당한 수준의 월세화가 진행되어 있어 최근 월세화 현상에 크게 영향을 받지 않았다고 볼 수 있다.

그림 4-15 단독 및 다가구 주택의 전세계약 비율 및 전세대비 보증금 비율 변화추세

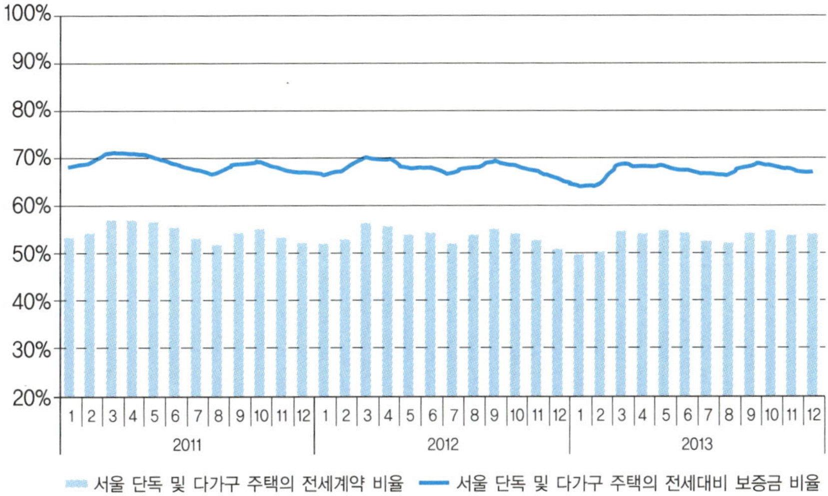

자료 : 서울시 전월세 확정신고자료(2011.1 ~ 2013.12.).

보증부월세계약의 전세대비 보증금 비율 분포를 살펴보면 아파트 및 연립 · 다세대와 유사하게 보증금이 전세의 10~15% 되는 구간에서 가장 피크가 관측되며, 그 비율도 14%를 상회하고 있다(그림 4-16). 변화추세를 살펴보면 2011년과 2012년 사이에 보증금/전세 비율이 낮은 구간에서 관측빈도 비율이 상승한 반면, 2012년과 2013년은 비슷한 수준을 보였다.

그림 4-16 단독 및 다가구 주택의 전세대비 보증금 비율에 따른 계약 빈도수

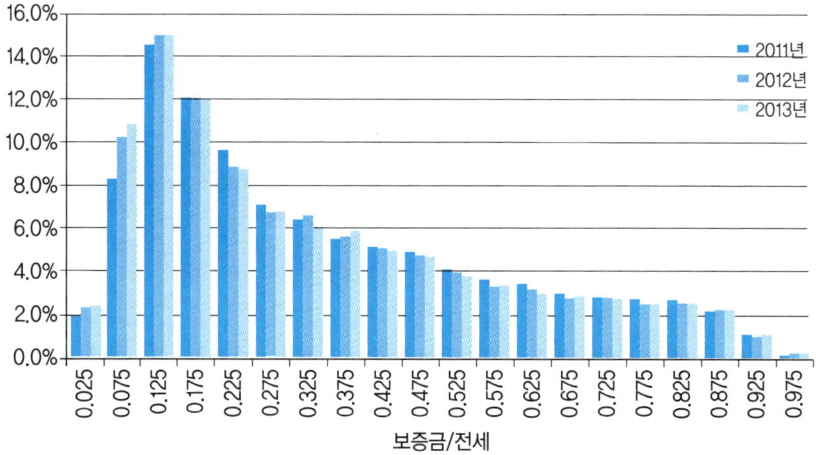

자료 : 서울시 전월세 확정신고자료(2011.1.~2013.12.).

제 5 절 오피스텔시장

1. 시장지표

오피스텔시장을 부동산114(주)의 서울시 오피스텔 시세자료를 이용하여 살펴보자. 오피스텔의 2004년 1월을 기준시점으로 산정된 매매가, 전세가, 월세지수 추이는 [그림 4-17]과 같다. 매매가의 경우 2006년 중후반까지는 정체된 움직임을 보이다 2006년 후반부터 꾸준한 상승세를

유지해 오고 있으며, 2012년 4월부터 더딘 상승세를 나타내고 있다. 반면 전세는 2005년 중반 이후 지속적인 상승세를 이어가고 있다. 월세의 경우 2002년 9월부터 뚜렷한 감소세를 보이다 2005년 3월부터 꾸준한 상승세를 보이고 있다. 2004년부터 2013년까지의 누적상승률을 비교하면 전세가가 63%로 가장 높고, 다음으로 매매가가 33%를 나타내며, 월세의 경우는 13%에 불과한 것으로 나타난다.

그림 4-17 서울시 오피스텔 매매, 전세, 월세 지수

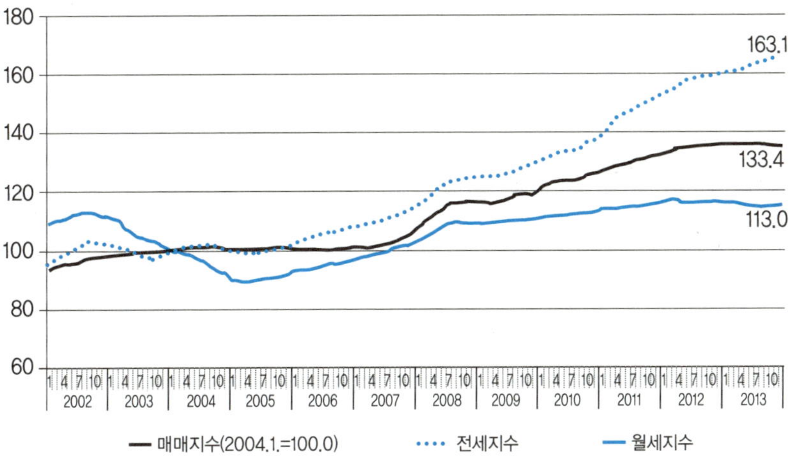

자료 : 부동산114(주) 서울시 시세자료.

전월세전환율 추이는 전반적으로 지속적인 하락세가 나타나 2013년 12월에는 8.5%로 하락하였다(그림 4-18). 3년만기 회사채수익률과 비교하면 2008년의 국제금융위기 기간을 제외하면 대략 3.9~12.5% 정도의 격차가 유지되고 있음을 알 수 있으며, 그 변동추이가 유사하다고는 보기 어려운 양상을 보여 준다. 반면 (잠재)자본환원율은 2013년 말 현재 5.3% 수준이며, 시장이자율과 유사한 움직임을 보이고 있다. 매매가대비 전세가 비율은 2001년 10월 55%에서 2003년 10월 50%까지 떨어졌다가 꾸준히 상승하여 2013년 말 현재 62%로 상승하는 변화를 나타내고 있다.

그림 4-18 서울시 오피스텔 전세/매매비율, 전환율, 자본환원율 추세

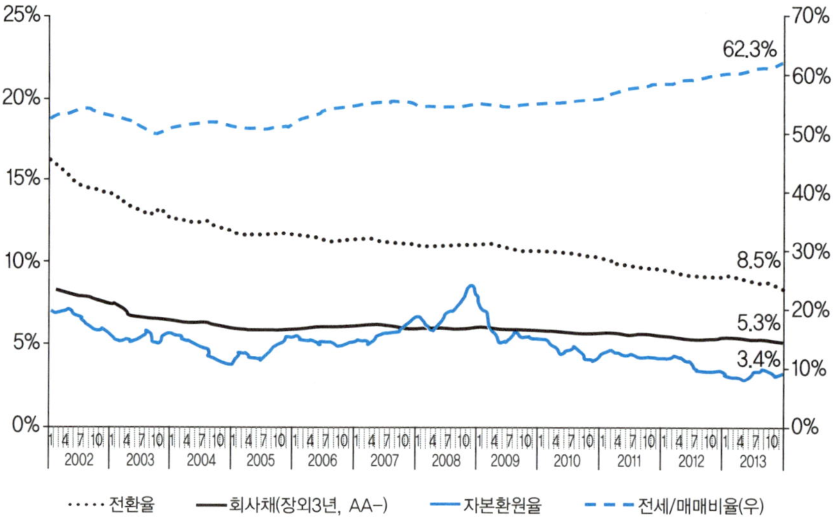

자료 : 부동산114(주) 서울시 시세자료.

오피스텔은 자료가 많지 않아 2011년부터 2013년까지 자료를 통합하여 보증금-월세 전환율을 산정하였다. 보증금 비중 증가에 따라 보증금이 연세의 1~1.5배 구간까지는 하락하였다가 이후 상승하는 구조를 [그림 4-18]을 통해 확인할 수 있다. 이는 단독 · 다가구와 연립 · 다세대에서도 관측되는 현상으로 오피스텔 역시 월세미납에 대한 위험과 공실에 관한 위험프리미엄이 구간별 전환율에 반영된 것으로 판단된다.

그림 4-19 오피스텔 보증금 비중에 따른 보증금-월세 전환율 변화

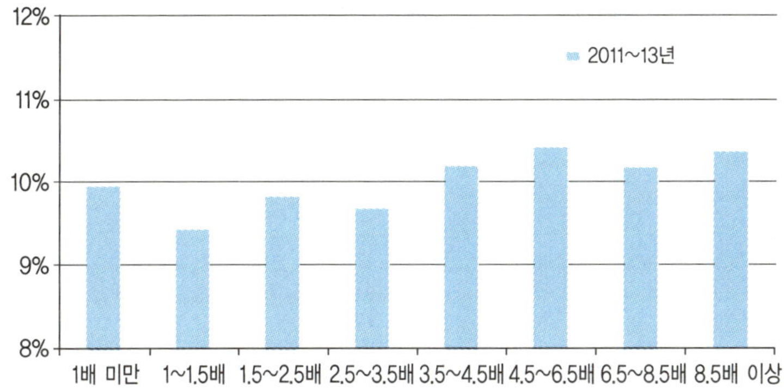

자료 : 서울시 전월세 확정신고자료(2011.1. ~ 2013.12.).

오피스텔의 전세계약 비율은 이미 낮은 수준이었음에도 2011년 1분기 49.8%에서 2013년 4분기 41.1%로 상당한 전세계약 비율의 감소가 발생했다. 전체 임대계약의 전세대비 보증금 비율 역시 2011년 1분기 68.4%에서 2013년 4분기 58.0%로 상당한 감소가 발생했음을 알 수 있다.

그림 4-20 오피스텔 전세계약 비율 및 전세대비 보증금 비율 변화추세

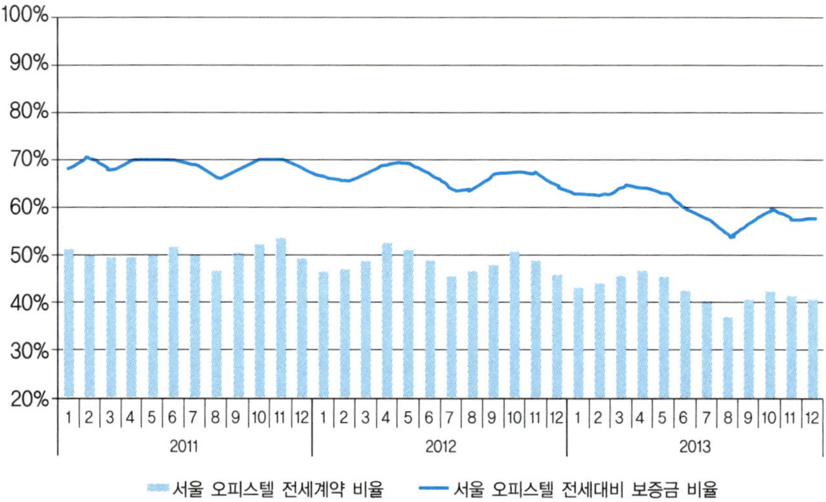

자료 : 서울시 전월세 확정신고자료(2011.1.~2013.12.).

오피스텔 보증부월세계약의 전세대비 보증금 비율 분포에서는 보증금이 전세의 10~15%에 해당되는 구간뿐 아니라 5~10%에 해당되는 구간에서 각각 16%에 육박하는 피크가 관측된다. 따라서 보증금 비중이 15% 이하(보증금/월세 배율로 표현하면 2.5년 이하)인 구간에서 대략 전체 계약의 1/3이 이루어지고 있음을 알 수 있다. 반면 보증금 비중이 높은 계약들의 비율은 다른 주택유형에 비해 가장 낮게 나타난다(그림 4-21). 이는 4가지 주택유형 중 오피스텔에서 가장 월세를 선호하는 계약이 이루어지고 있음을 말해 주는 결과이다. 시계열적인 변화추세를 보면 월세의 비중이 높은 특히 피크를 이루는 전세대비 보증금 비율이 5~15%에 해당되는 구간에서 가장 눈에 띄는 증가를 보이고 있다.

그림 4-21 오피스텔 전세대비 보증금 비율에 따른 계약 빈도수

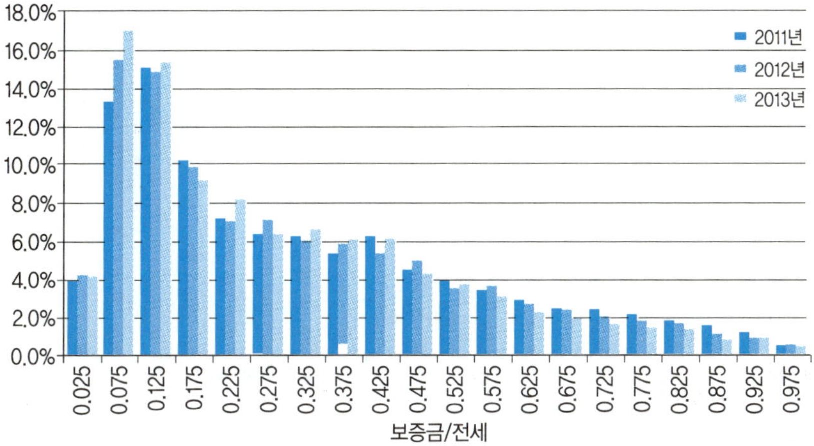

자료 : 서울시 전월세 확정신고자료(2011.1.~2013.12.).

2. 투자수익률 및 리스크 분석

각 시점별로 전세대비 보증금의 비율별로 발생한 사후 자본수익률과 사후 임대수익률을 기초로 사후 총투자수익률을 살펴보면 [그림 4-22]와 같다. 전세의 경우, 가격상승률이 높았던 2008년에 27%의 사후 연간총투자수익률이 달성되었다. 다만 2005년 3월부터 9월, 2006년 6월부터 11월까지 마이너스의 총수익률이 발생했다. 2010년에 접어들면서 총수익률이 10%대에서 전세와 월세 간의 격차가 사라지는 현상이 2012년까지 지속되었다. 이후 2013년 말까지는 전세의 수익률은 0%대로 하락하고, 오히려 순수월세의 수익률이 5.5%대로 유지되는 현상이 관측

그림 4-22 서울시 오피스텔 보증금 비중에 따른 명목투자수익률 변화

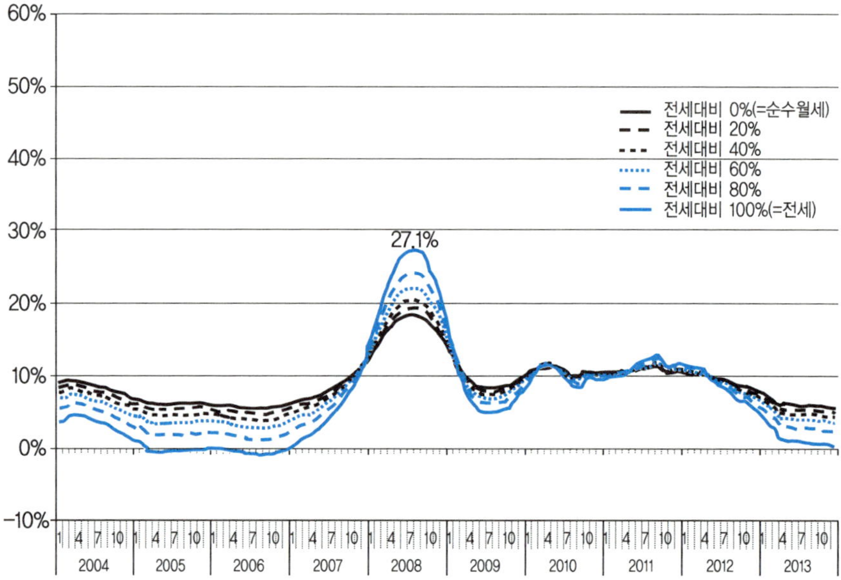

자료 : 부동산114(주) 서울시 시세자료.

된다.

이를 기초로 분석이 가능한 평균적인 사후 수익률과 그 표준편차를 계산하면 다음의 〈표 4-4〉와 같다. 순수월세를 가정한 임대수익률의 경우는 총 6.2%로 나타나며 보증금 비중이 커질수록 임대수익률은 감소한다. 이와 반대로 자본수익률의 경우에는 순수월세일 경우 3.1%이며 전세일 경우 6.9%로 전세로 갈수록 증가한다. 이는 자본수익률이 수익률 편차 및 변동성을 결정하는 데 가장 큰 요소로 작용하고 있음을 알 수 있다. 이를 합산한 명목총수익률의 경우는 순수월세의 경우 9.3%에서 전세의 경우 6.8%로 오히려 감소한다. 반면 연간총수익률의 표준편차는 순수월세의 경우 3.2%에서 전세의 경우 6.8%로 두 배 이상의 리스크(표준편차)가 존재함을 보여준다. 이러한 시장상황이 다른 주택유형에 비해 오피스텔에서 가장 월세의 비중이 높게 관측되는 결과를 낳았다고 해석된다. 또한 이러한 결과는 산정된 총수익률이 명목임대료에 기초한 잠재수익률의 성격이라 관련 공실 및 월세미납을 고려한 순운영수입을 산정했을 때 어떤 결과가 도출될지는 추가적인 분석이 필요하다.

표 4-4 서울시 오피스텔 전세대비 보증금 비중에 따른 명목총수익률 평균과 표준편차

구분	지표	전세대비 보증금 비중					
		0% (=순수월세)	20%	40%	60%	80%	100% (=전세)
총수익률	평균	9.3%	9.0%	8.7%	8.3%	7.7%	6.8%
	표준편차	3.2%	3.5%	4.0%	4.6%	5.5%	6.8%
임대수익률	평균	6.2%	5.5%	4.7%	3.6%	2.2%	0.0%
	표준편차	0.6%	0.5%	0.4%	0.3%	0.2%	0.0%
자본수익률	평균	3.1%	3.5%	4.0%	4.6%	5.5%	6.9%
	표준편차	3.1%	3.4%	3.9%	4.6%	5.5%	6.8%

자료 : 부동산114(주) 서울시 시세자료.

참고로 분석된 사후수익률과 리스크 측정치를 이용하여 레버리지 리스크만을 고려한 이론적인 전월세전환율을 산정하면 12.1%로 시장에서 관측된 전월세전환율의 평균치인 11.7%와는 유사한 수준을 보인다.

제5장

주택유형별 임대시장 비교

제 5 장

주택유형별 임대시장 비교

이 장에서는 지금까지 부동산유형별로 구분하여 살펴본 임대시장을 각 지표를 이용하여 부동산유형별 시장을 비교하도록 한다. 대상지역은 앞 장에서와 마찬가지로 서울시로 한정한다. 자료구축 범위와 조사주기 차이 등으로 부동산유형에 따라 특정 지표의 분석이 이루어지지 못하는 경우 해당 지표에 대하여 비교가능한 부동산에 한하여 각 지표 수준과 추세를 비교분석하였다.

제 1 절 기초 시장특성 및 추세 비교

1. 주택유형별 매매가격 및 매매가지수

평당 주택 매매가의 평균을 비교해 보면 2013년의 경우 아파트가 가장 높은 1,600만원대이고, 연립 · 다세대가 1,000만원에 약간 미달하는 수준을 보이고 있다. 2004년도와 비교하면 아파트의 경우 1,000만원대, 연립 · 다세대는 500만원대로 10년간 상당한 주택가격의 상승이 발생했음을 알 수 있다. 다만, 각 시점 유지되고 있는 주택재고의 평균 가격은 주택재고의 멸실 및 신규주택의 진입 등 주택의 질적인 변화를 통제하지 못하는 가격변동을 담고 있음으로 이를 통제할 수 있는 가격지수가 필요하다.

표 5-1 서울시 주택유형별 평균 3.3m²당 매매가 (단위 : 만원)

구분	주택유형			
	단독 · 다가구	연립 · 다세대	아파트	오피스텔
2004년	835.5	536.0	1,092.2	990.6
2009년	1,372.4	949.7	1,722.1	1,148.9
2013년	1,591.3	984.0	1,601.2	1,314.3

자료 : 부동산114(주) 서울시 시세자료, 부동산114(주) 매물자료.

2004년 1월을 기점으로 2013년 12월까지 가장 높은 누적상승률을 보인 주택유형은 단독 · 다가구로 나타나며, 오피스텔의 경우 가장 낮은 누적상승률을 나타내고 있다. 아파트의 경우 2000년대 중반 급격한 상승이 발생하다가 이후 안정세로 전환된 양상을 보여 주며, 연립 · 다세대의 경우는 서울시 뉴타운사업이 기획되고 진행되던 시기인 2007~08년 사이 급격한 상승이 이루어졌음을 보여 준다.

그림 5-1 서울시 주택유형별 매매가격지수 추이

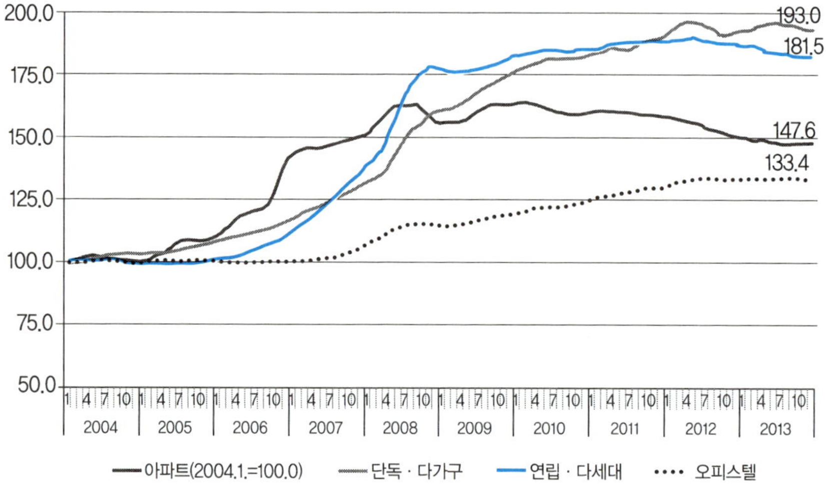

자료 : 부동산114(주) 서울시 시세자료 , 부동산114(주) 매물자료.

2. 주택유형별 전세가격 및 전세지수

2013년 서울시 주택유형별 평균 평당 전세가는 아파트의 경우가 820만원대로 가장 높고, 오피스텔은 약간 낮으나 아파트와 유사한 수준이다. 반면 연립 · 다세대와 단독 · 다가구는 각각 580만원대, 460만원대로 2/3 수준에 불과한 것을 알 수 있다. 2004년 상황을 보면 오피스텔이 510만원대로 가장 높았고, 그 다음이 아파트로 480만원대였다. 단독 · 다가구 및 연립 · 다세대는 300만원대 전후의 분포를 보이고 있다.

전세가의 수준 차이에도 불구하고 각 주택유형별 전세가지수의 추세를 살펴보면 매매가지수와 달리 장기적인 관점에서는 유사한 추세를 보

표 5-2 서울시 주택유형별 평균 3.3m²당 전세가 (단위 : 만원)

구분	주택유형			
	단독 · 다가구	연립 · 다세대	아파트	오피스텔
2004년	297.8	336.5	483.8	510.0
2009년	365.0	424.1	588.6	630.5
2013년	464.2	577.8	821.5	803.5

자료 : 부동산114(주) 서울시 시세자료, 부동산114(주) 매물자료.

이고 있다. 2004년에서 2013년 10년간의 누적상승률을 보면 단독 · 다가구가 57%의 전세가상승이 이루어진 반면, 아파트와 연립 · 다세대는 각각 78%, 76%로 상대적으로 높은 누적상승이 이루어졌음을 알 수 있다.

그림 5-2 서울시 주택유형별 전세가지수 추이

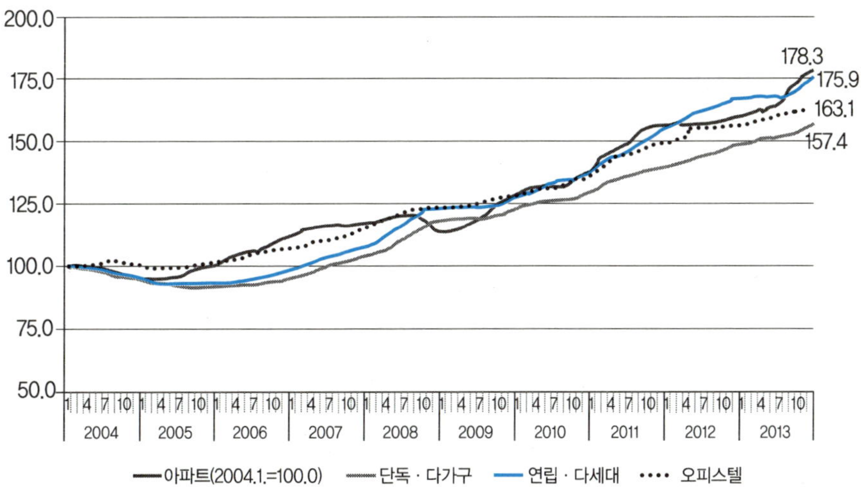

자료 : 부동산114(주) 서울시 시세자료 , 부동산114(주) 매물자료.

3. 주택유형별 환산연세가격 및 월세지수

평당 환산연세가격[1]의 유형별 수준과 추이를 살펴보면, 2013년 아파트가 평당 63만원 수준의 가장 높은 연세를 보이고 있으며, 오피스텔, 연립 · 다세대, 단독 · 다가구 순으로 낮아지고 있다. 아파트와 오피스텔은 2004년에는 거의 동일한 수준의 연세 수준을 보였으나, 아파트 연세의 비교적 높은 상승과 오피스텔 연세의 완만한 상승추세로 인해 2013년에는 상당한 가격 차이가 나타나고 있다. 반면, 2013년에는 오피스텔과 연립 · 다세대의 연세가 비슷한 수준을 보이고 있다.

표 5-3 서울시 주택유형별 평균 3.3m²당 환산연세 (단위 : 만원)

구분	주택유형			
	단독 · 다가구	연립 · 다세대	아파트	오피스텔
2004년	36.0	37.0	47.2	45.1
2009년	40.4	44.0	57.6	50.6
2013년	44.4	49.0	62.7	53.0

자료 : 부동산114(주) 서울시 시세자료, 부동산114(주) 매물자료.

한편 월세가지수의 추이를 살펴보면 전반적으로 모든 유형의 시장에서 월세는 큰 폭의 등락을 보이지 않는다. 그러나 2005년 2분기까지는 모든 유형에서 월세지수의 완만한 하향추세가 나타나고 있으며, 그 이후로는 완만한 상승세를 보이고 있다. 이 중 아파트와 오피스텔은 2012년부터 점차 완만한 하향추세를 보이고 있는 반면, 단독 · 다가구와 연

1) 환산연세 = (12 × 관측된 월세) + 관측된 보증금 × 전월세전환율.

립 · 다세대의 경우 완만한 상승추세가 여전히 나타난다. 누적상승률을 살펴보면 아파트와 연립 · 다세대가 29%로 가장 높고, 단독 · 다가구 21%, 오피스텔 13%에 불과한 장기적으로도 안정된 지수 추이를 보여준다.

그림 5-3 서울시 주택유형별 월세지수 추이

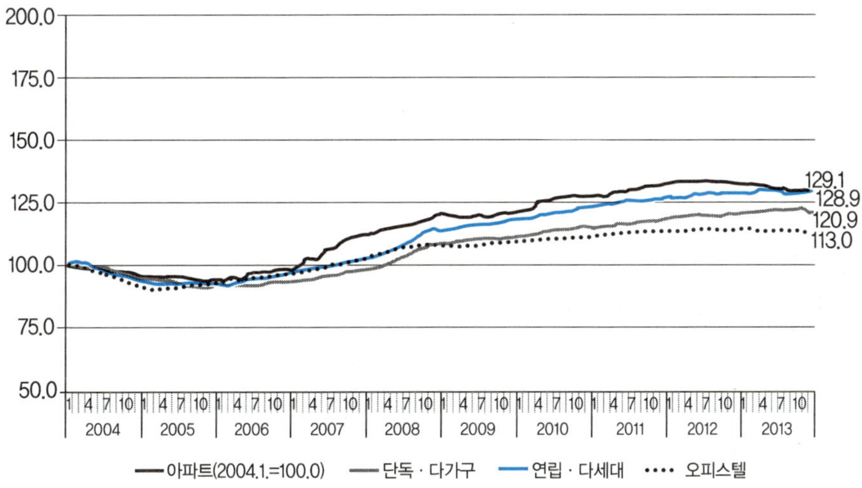

자료 : 부동산114(주) 서울시 시세자료 , 부동산114(주) 매물자료.

제 2 절 시장관계지표 및 보증금 비중 분포 비교

1. 주택유형별 전월세전환율

순수월세시장과 전세시장과의 관계를 보여주는 전월세전환율의 수준을 비교하면 2013년 단독·다가구가 9.2%로 가장 높고, 아파트가 6.6%로 가장 낮은 수준을 유지하고 있다. 10년 전인 2004년에는 오피스텔이 12.5%로 가장 높았고, 아파트의 경우가 가장 낮은 수준이나 9.6%에 달하는 전환율이 유지되고 있었다.

표 5-4 서울시 주택유형별 전월세전환율

구분	주택유형			
	단독·다가구	연립·다세대	아파트	오피스텔
2004년	11.6%	10.3%	9.6%	12.5%
2009년	10.4%	9.7%	8.8%	10.9%
2013년	9.2%	7.9%	6.6%	8.8%

자료 : 부동산114(주) 서울시 시세자료, 부동산114(주) 매물자료.

각 주택유형별 전환율의 추이를 살펴보면 전반적으로는 급격히 하락하는 추이를 보여준다. 그중 가장 하락폭이 컸던 주택유형은 오피스텔로 나타난다. 흥미로운 현상은 2008년 말 혹은 2009년 초 지속적으로 하락하던 전월세전환율이 단기간 소폭 상승하는 현상이 모든 주택유형에서 관측된다. 이는 기본적으로는 해당 기간 국제금융위기로 인한 이자율의 상승에 따른 효과로 판단된다.

그림 5-4 서울시 주택유형별 전월세전환율 추이

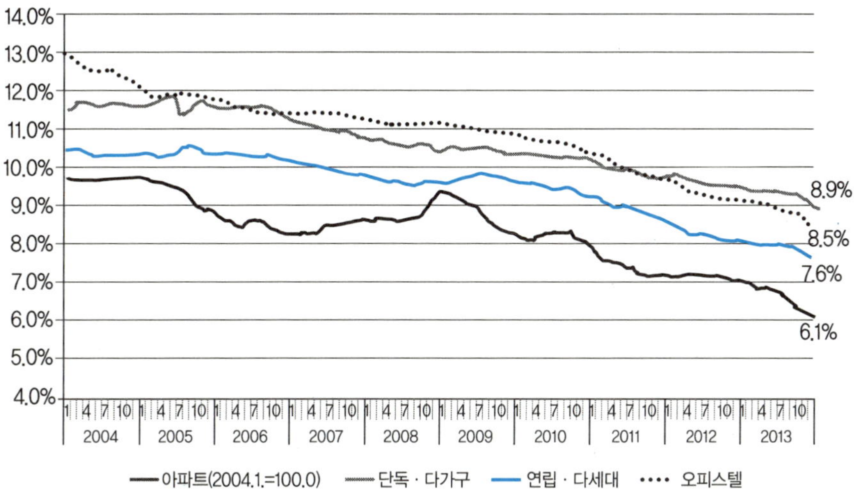

자료 : 부동산114(주) 서울시 시세자료, 부동산114(주) 매물자료.

각 주택유형별로 연세대비 보증금 배율의 구간별로 측정되는 전월세전환율의 편차를 살펴보면 1.5배까지는 전환율이 하락하다가 이후 다시 증가하는 양상이 단독 · 다가구, 연립 · 다세대, 오피스텔에서 모두 관측된다. 다만 아파트의 경우는 오히려 연세대비 보증금 배율이 높아짐에 따라 지속적으로 하락하는 특이한 양상을 보여 준다. 이는 앞의 이론적 논의에서 살펴본 바와 같이 월세미납에 대한 위험과 공실에 따른 위험이 복합적으로 작용해서 나타나는 현상으로 판단된다.

그림 5-5 주택유형별 보증금/연세 배율에 따른 보증금-월세 전환율 변화

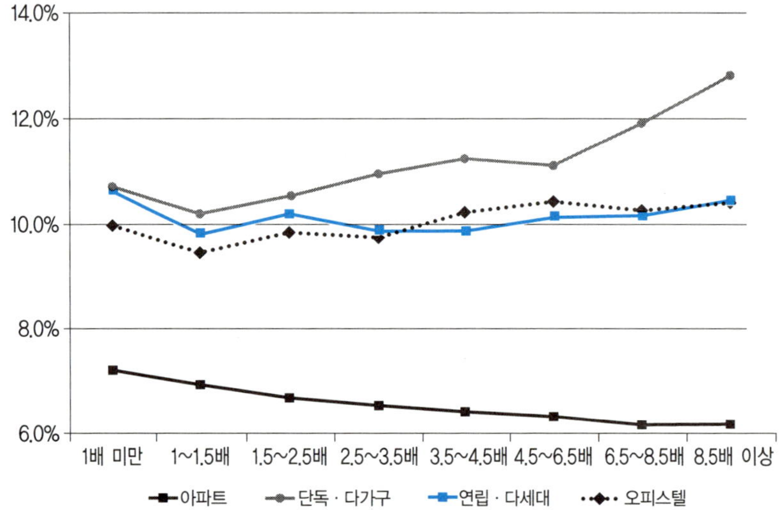

자료 : 서울시 전월세 확정신고자료(2013, 오피스텔은 2011~13년).

2. 주택유형별 자본환원율

2013년 (잠재)자본환원율의 경우 연립 · 다세대가 7.9%로 가장 높고, 아파트가 3.4%로 가장 낮은 수준을 유지하고 있다. 시장이자율을 3년 만기 회사채 수익률로 가정할 때 아파트를 제외하면 자본환원율 역시 시장이자율보다 높은 수준을 유지하고 있다. 2004년을 살펴보면 연립 · 다세대 6.9%, 오피스텔 6.4%, 아파트 4.3%로 2013년과 유사한 관계가 유지되고 있음을 알 수 있다. 다만 국제금융위기의 여파가 컸던 2009년의 경우는 시장이자율이 5.8%로 오피스텔이 그 수준과 유사한

전월세전환율이 유지되고 있었음을 알 수 있다. 단독 · 다가구의 경우는 거주 혹은 임대단위와 소유단위가 다른 관계로 임대료와 매매가격을 연결시키는 자본환원율의 산정이 어려워 자료에서 제외하였다.

표 5-5 서울시 주택유형별 잠재자본환원율

구분	주택유형				회사채(장외 3년, AA-)
	단독 · 다가구	연립 · 다세대	아파트	오피스텔	
2004년	–	6.9%	4.3%	6.4%	4.7%
2009년	–	4.6%	3.0%	6.0%	5.8%
2013년	–	5.0%	3.4%	5.4%	3.2%

자료 : 부동산114(주) 서울시 시세자료, 부동산114(주) 매물자료.

수준으로 보면 전월세전환율에 비해 자본환원율이 시장이자율에 근접한 양상을 보여 주며, 단기적인 시장이자율 변동에 영향은 받으나 즉각적이지 못한 양상으로 금융시장과 주택시장의 연결성이 그리 직접적이지 않을 수 있다는 판단을 해볼 수 있다. 전체적인 추이는 이자율의 지속적인 하락에도 불구하고 국제금융위기 이후 오피스텔을 제외하면 아파트와 연립 · 다세대의 경우 자본환원율의 완만한 상승세가 유지되고 있음을 보여 준다.

그림 5-6 서울시 주택유형별 자본환원율 추이

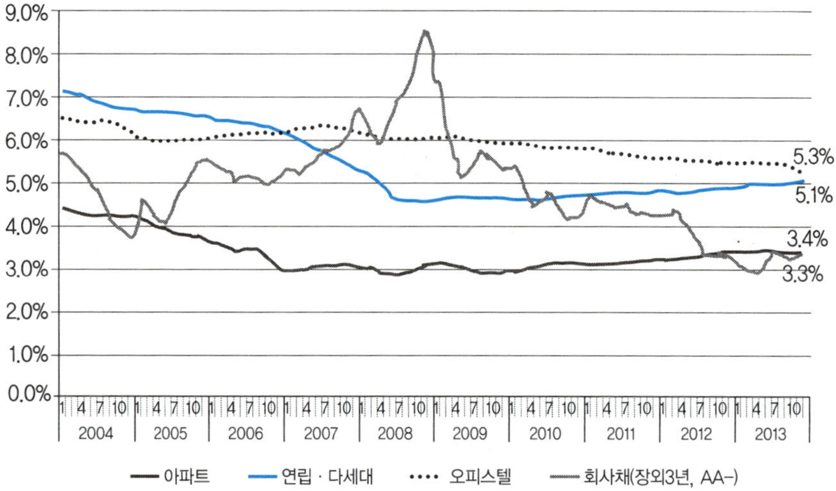

자료 : 부동산114(주) 서울시 시세자료 , 부동산114(주) 매물자료.

3. 주택유형별 전세가/매매가 비율

2013년 매매가대비 전세가의 비율을 살펴보면 아파트가 51.3%로 가장 낮고, 오피스텔이 61.1%로 가장 높은 양상을 보여 준다. 그러나 2004년 연립 · 다세대가 62.8%로 51.5%인 오피스텔에 비해 전세/매매가 비율이 더 높았던 것으로 드러난다.

전반적인 추이는 2008년까지 지속적으로 하락하던 전세/매매가 비율이 이후 반전되어 2013년 현재까지 지속적인 상승이 이루어지고 있음을 보여준다. 다만 오피스텔의 경우는 큰 변동 없이 2003년 이후 꾸준히 상승하고 있음을 보여준다.

표 5-6 서울시 주택유형별 전세가/매매가

구분	주택유형			
	단독 · 다가구	연립 · 다세대	아파트	오피스텔
2004년	–	62.8%	44.3%	51.5%
2009년	–	44.7%	34.2%	54.9%
2013년	–	58.7%	51.3%	61.1%

자료 : 부동산114(주) 서울시 시세자료, 부동산114(주) 매물자료.

그림 5-7 서울시 전세가/매매가 비율 추이

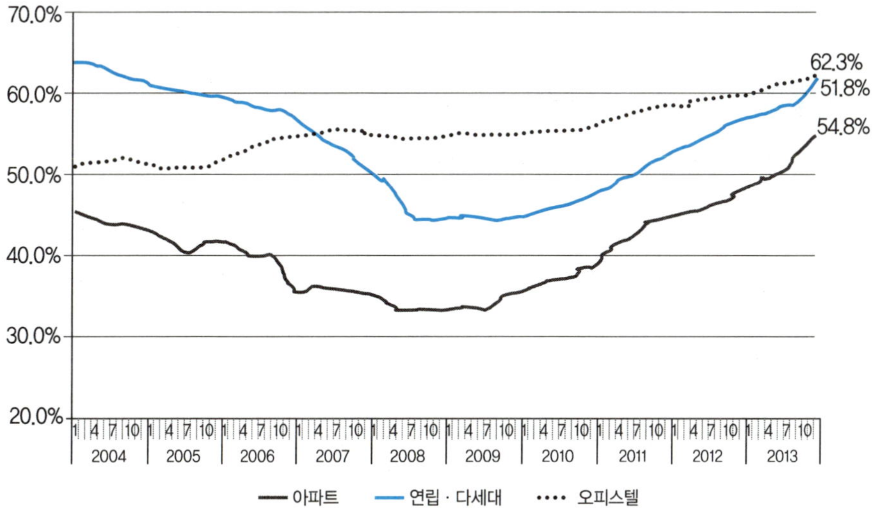

자료 : 부동산114(주) 서울시 시세자료 , 부동산114(주) 매물자료.

4. 주택유형별 보증금 비중 분포

보증금 비중의 변화를 살펴보기 위해 서울시 전월세 신고자료를 활용하였다. 이 자료는 2011년 1월부터 2013년 12월까지 서울시를 대상으로 한 자료이다. 총 1,441,333개이며, 비주거용 부동산 및 기타 이상치 제거과정을 통해 1,098,965개의 자료를 확보하였다. 이 중 전세 신고자료는 746,597개이며, 보증부월세자료는 352,368개로 32% 수준으로 나타났다. 주택유형에 관계없이 전세자료가 더 많은 것으로 나타났으나, 상대적으로는 오피스텔이 가장 높은 보증부월세계약 비중(51%)을 보였으며, 단독 · 다가구(46%), 연립 · 다세대(32%), 아파트(20%) 순으로 비중이 낮은 것으로 나타났다.

표 5-7 주택유형별 전세 및 보증부월세 계약 비중

구분	단독 · 다가구	연립 · 다세대	아파트	오피스텔	합계
합계	355,229 (100.0%)	226,716 (100.0%)	470,826 (100.0%)	46,194 (100.0%)	1,098,965 (100.0%)
전세	193,088 (54.4%)	155,348 (68.5%)	375,320 (79.7%)	22,841 (49.4%)	746,597 (67.9%)
보증부월세	162,141 (45.6%)	71,368 (31.5%)	95,506 (20.3%)	23,353 (50.6%)	352,368 (32.1%)

자료 : 서울시 전월세 확정신고자료(2011.1.~2013.12.).

다만 전월세 확정신고가 의무사항은 아니라 보증금이 적은 임대계약의 경우 누락되는 경우가 발생할 가능성이 높다. 그 정도를 살펴보기 위해 2010년 인구주택총조사자료를 이용하여 서울시의 주택유형별 전월세가구의 전세 및 보증부월세 비율을 산정하면 다음 〈표 5-8〉과 같다. 예상하였듯 각 주택유형별로 보증부월세의 비중이 전월세 확정신고자료에 비해 다소 높은 경향성을 보여 준다. 예를 들어 아파트의 경우 확정신고자료의 전세 비율은 80%이나 인구주택총조사자료의 비중은 74%로 6%의 편차를 보여 주고 있다. 즉 전월세 확정신고자료에서 보증부월세의 보고가 누락되는 현상이 있으나 심각한 수준은 아닌 것으로 판단된다. 다만 전월세 확정신고자료의 분석결과를 해석할 때 절대적인 비중보다는 주택유형별 상대적인 비중의 차이만을 비교하는 선에서 제시된 자료를 이해할 필요가 있다.

표 5-8 주택유형별 전세 및 보증부월세 계약 비중

구분	단독 · 다가구	연립 · 다세대	아파트	오피스텔	합계
합계	1,009,333 (100.0%)	276,102 (100.0%)	585,401 (100.0%)	70,699 (100.0%)	1,941,535 (100.0%)
전세	467,795 (46.4%)	202,123 (73.2%)	434,213 (74.2%)	26,148 (37.0%)	1,130,279 (100.0%)
보증부월세	541,538 (53.6%)	73,979 (26.8%)	151,188 (25.8%)	44,551 (63.0%)	811,256 (100.0%)

자료 : 인구주택총조사(2010).

신고된 전세계약의 비중을 살펴보면 절대적인 비중을 해석하는 데는 문제가 있으나 상대적인 관점에서 주택유형에 관계없이 전세계약 비중은 감소한 반면, 보증부월세계약의 비중은 증가한 것으로 나타났다. 또한 2011년부터 2013년까지 그 변화가 큰 폭으로 일어난 것이 아닌 점진적인 변화를 보이고 있는 것으로 나타났다.

표 5-9 보증부월세와 전세 계약 비중의 변화

	2011년		2012년		2013년	
	전세	보증부월세	전세	보증부월세	전세	보증부월세
단독 · 다가구	55.0%	45.0%	54.4%	45.6%	54.0%	46.4%
연립 · 다세대	71.0%	29.0%	68.8%	31.1%	65.7%	34.4%
아파트	80.2%	18.8%	79.4%	18.8%	74.4%	23.8%
오피스텔	53.3%	46.7%	51.2%	48.8%	48.2%	55.4%

자료 : 서울시 전월세 확정신고자료(2011.1.~2013.12.).

다음으로 전세의 비중만으로 시장 전체의 보증금 비중의 변화를 살펴보기 위해 모든 전월세계약에 대한 전세대비 보증금 비율의 변화 추세를 살펴보면 다음의 〈표 5-10〉과 같다. 아파트 및 연립 · 다세대의 경우 최근 월세화가 급속히 이루어졌다고 하나 실질적인 전세대비 보증금의 비중은 여전히 80% 전후를 유지하고 있음을 알 수 있다. 이는 순수월세에 근접하기보다는 전세에 근접한 반전세가 평균적인 임대계약임을 말해 준다. 반면 단독 · 다가구 및 오피스텔의 경우는 상당한 월세화가 진행되어 전세대비 보증금의 비중이 60%대를 유지하고 있다. 특히 오피스텔의 경우 최근 3년간 그 비율이 9% 정도 급격한 하락이 이루어

표 5-10 전체 임대계약의 보증금/전세 비율 평균값 변화

	2011년	2012년	2013년
단독 · 다가구	68.9%	67.9%	67.1%
연립 · 다세대	81.8%	79.8%	77.2%
아파트	88.3%	88.2%	85.4%
오피스텔	68.5%	66.0%	59.6%

자료 : 서울시 전월세 확정신고자료(2011.1.~2013.12.).

져 가장 급속한 월세화가 진행되었음을 알 수 있다.

보증부월세의 연세대비 보증금 배율은 중간값 기준으로 아파트가 가장 높으며, 연립 · 다세대, 오피스텔, 단독 · 다가구가 다음으로 높게 나타났다. 절대적인 값의 해석에 대한 주의가 요구되나 상대적인 관점에서 연세대비 보증금 배율이 점진적으로 변화하는 양상을 확인할 수 있다. 흥미로운 점은 2013년 연세대비 보증금 배율이 단독 · 다가구와 아파트의 경우는 증가했다는 점이다. 이는 전세가의 상승으로 인해 기존 전세가 반전세(전세의 상승분만을 월세로 전환하는 계약)로 전환되어 보증부월세로 포함됨으로써 평균적인 연세대비 보증금 배율은 증가한 것으로 해석할 수 있다.

표 5-11 연세대비 보증금 배율 기초통계량

주택유형	단독 · 다가구			연립 · 다세대			아파트			오피스텔		
연도	2011	2012	2013	2011	2012	2013	2011	2012	2013	2011	2012	2013
중위수	3.3	3.3	3.6	5.6	5.6	5.6	6.4	6.2	6.7	4.2	3.8	3.7

자료 : 서울시 전월세 확정신고자료(2011.1.~2013.12.).

전세대비 보증금 비율의 변화를 살펴보면 순수월세의 증가보다는 월세의 비중이 높은 보증부월세계약이 증가하며, 주택유형에 관계없이 점진적인 변화 양상을 보이고 있다. 또한 주택유형별로 보증금/전세[2] 비율의 분포차이가 나타나고 있는데, 먼저 단독 · 다가구와 오피스텔은

2) 보증금/전세 비율을 계산하기 위해 전세금은 먼저 단독 · 다가구와 연립 · 다세대는 동별/면적별/층/분기가 같은 전세와 보증부월세, 아파트는 단지/층그룹/분기가 같은 전세와 보증부월세를 이용하여 전환율을 계산한 다음 그 전환율을 보증부월세의 월세에 적용하여 보증금으로 환산한 후 계약상의 보증금에 더하여 산정한 가상적인 전세가임.

보증금/전세 비율이 낮은 구간에서 다른 주택유형보다 높은 비중을 차지하고 있다. 반면, 연립 · 다세대와 아파트는 보증금/전세 비율이 이보다 좀 더 분포가 확산된 형태로 나타난다. 절대적인 비율을 곧이곧대로 수용할 수 없는 자료이기는 하나 흥미로운 점은 모든 유형의 주택에서 보증금/전세 비율이 0.05~0.1 주위에서 피크를 이루는 오피스텔을 제외하면 모두 0.1~0.15구간(보증금이 2년치 월세에 해당하는 구간)에서 동일하게 피크를 보이고 있다. 오피스텔의 보증금 비중이 상대적으로 낮은 이유는 오피스시장에서 전형적인 전월세계약으로 자리 잡고 있는 10개월치의 보증금과 유사한 계약이 포함되었기 때문으로 이해된다. 또한 특이하게도 아파트의 경우 보증금이 전세의 70% 이상인 반전세의 비중이 독특하게 높다는 점이다. 따라서 최근 논란이 되는

그림 5-8 주택유형별 보증부월세의 전세대비 보증금 비율에 따른 계약 빈도수

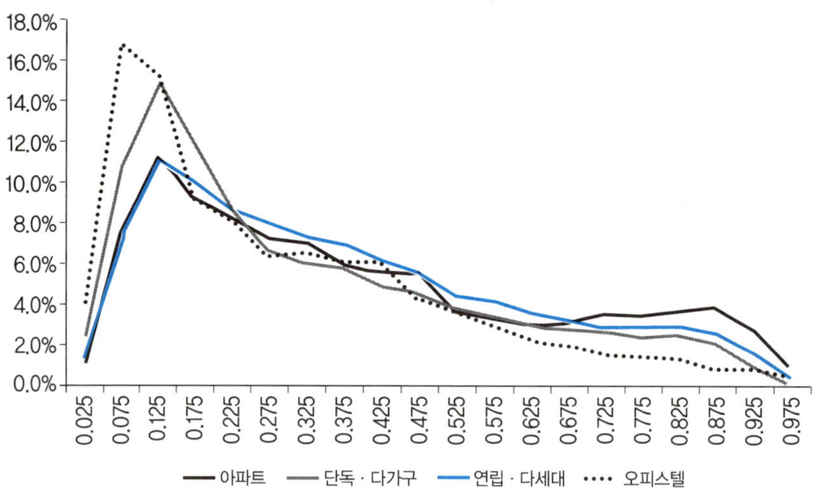

자료 : 서울시 전월세 확정신고자료(2013).

반전세계약의 증가는 아파트 임대시장에 국한된 현상이라고도 볼 수 있다.

제6장

한국 주택임대시장과 관련된 주요 이슈

제1절 전세는 사라질 것인가?

제2절 전세는 바람직한 임대계약 제도인가?

제3절 기업형 민간임대사업자의 육성이 필요한가?

제 6 장

한국 주택임대시장과 관련된 주요 이슈

제 1 절 전세는 사라질 것인가?

1. 전국 전월세 계약유형의 장기추세

최근 월세화추세가 가속화되고 있고, 근시일 내에 해외와 같이 순수 월세시장으로 변화할 것이라는 예측도 존재한다. 이와 같은 월세화의 추세는 미래 국내 주택시장의 구조를 변화시킬 수 있는 주요한 요인으로 이해되고 있다. 다만 그 월세화추세가 얼마나 빠르게 진전될지, 그리고 종국에는 전세가 사라질지, 더 나아가 현재 유지되고 있는 보증부월세가 아닌 해외의 순수월세시장으로 수렴할지에 대하여 많은 의견이 교차하고 있는 실정이다. 결국 합리적인 장래 전망을 위해서는 과거 우리가 경험한 주택임대시장의 변화과정을 살펴보는 것이 도움이 될 것이다.

2010년 현재 인구주택총조사자료를 바탕으로 총가구 중 자가가구의 비중을 살펴보면 전국의 경우 54%이나 지역별로 나누어 살펴보면 서울은 41%, 경기 · 인천은 49%, 지방광역시는 56%, 지방도지역은 64%에 달한다(표 6-1). 결국 다른 나라와 마찬가지로 도시규모가 작을수록 자가 비중이 높아지는 동일한 경향성이 유지되고 있다. 이와 같이 자가 비율이 지역별로 크게 차이가 나는 관계로 아래 〈표 6-1〉에서 보증부월세의 전체가구대비 절대적인 비중은 큰 차이가 없는 것처럼 보인다.

표 6-1 2010년 전국 및 지역별 전세 및 월세 가구 비중

구분	계	자가	전세	(보증부)월세	기타
전국	17,339,422	9,389,855	3,766,390	3,719,517	463,660
	(100.0%)	(54.2%)	(21.7%)	(21.5%)	(2.7%)
서울	3,504,297	1,439,338	1,152,714	862,870	49,375
	(100.0%)	(41.1%)	(32.9%)	(24.6%)	(1.4%)
경기 인천	3,831,134	1,882,058	1,073,298	790,800	84,978
	(100.0%)	(49.1%)	(28.0%)	(20.6%)	(2.2%)
지방 광역시	4,453,188	2,509,081	857,513	988,614	97,980
	(100.0%)	(56.3%)	(19.3%)	(22.2%)	(2.2%)
지방 도지역	5,550,803	3,559,378	682,865	1,077,233	231,327
	(100.0%)	(64.1%)	(12.3%)	(19.4%)	(4.2%)

자료 : 통계청, 2010년 인구주택총조사.

그러나 전월세가구(전체가구가 아닌) 중 보증부월세가구의 비중을 살펴보면 큰 격차가 나타난다. 2010년 전국은 50%이며, 지역별로는 서울 43%에서 지방도지역으로 내려가면 전월세가구 중 61%가 보증부월세 계약을 유지하고 있다(그림 6-1a). 시계열적인 변화추세를 1980년 인구주택총조사자료부터 살펴보면 전월세가구 중 보증부월세가구의 비중이 39%에서 1985년 47%로 상승했다가 다시 1995년에 들어서면서 33%로 하락하였다. 이후 2000년까지 보증부월세의 비중에 큰 변화가 없다가 그 이후 보증부월세의 비중이 급격히 증가하는 현상이 발생하여 2010년에는 전국적으로 전월세 중 50%가 보증부월세임을 알 수 있다. 이와 같이 보증부월세의 비중은 각 시점의 시장상황에 따라 지속적으로 변동하는 양상을 보였고, 최근 월세화추세가 상대적으로 강하기는 하나 그런 사이클의 한 정점일 가능성도 있다.

지역별로 나누어 살펴보면 지방도지역의 경우는 2005년에 이미 보증부월세의 비중이 50%를 넘어섰으며, 2010년에는 지방광역시도 절반을 넘는 54%의 비중을 유지하고 있음을 알 수 있다. 수도권의 경우만이 절반이 안 되는 42%대를 유지하고 있다.

그림 6-1 지역별 및 주택유형별 전월세 중 월세 비중의 변화

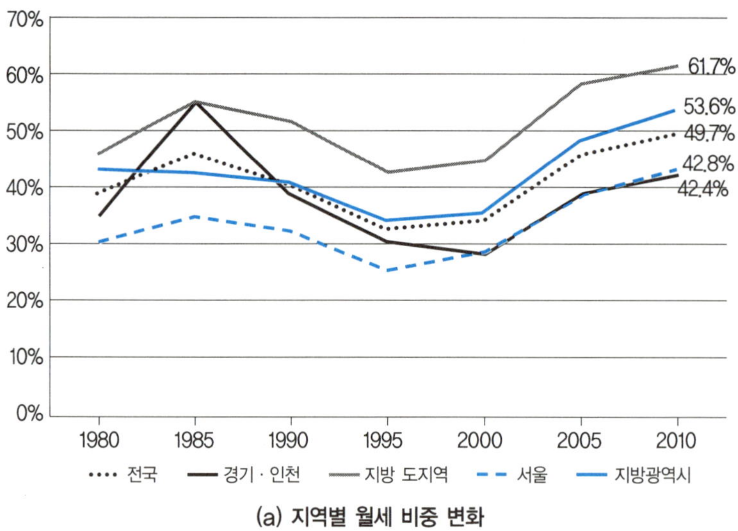

(a) 지역별 월세 비중 변화

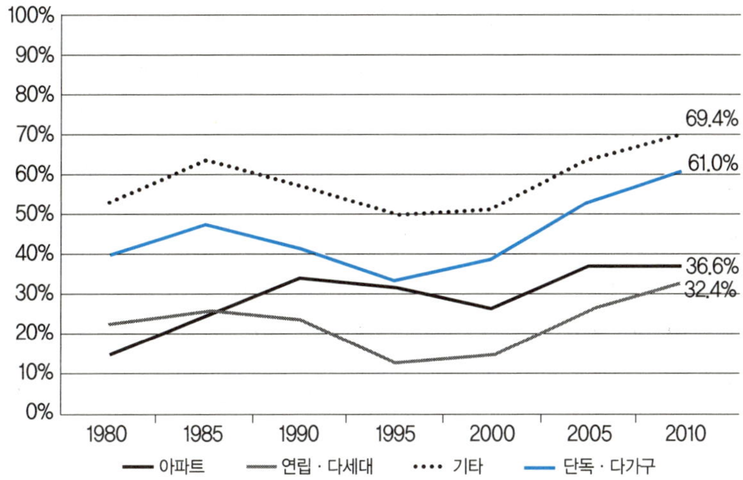

(b) 주택유형별 월세 비중 변화

자료 : 통계청, 각 연도 인구주택총조사.

지역 대신 주택유형별로 나누어 살펴보면 보증부월세의 비중이 높아지는 추세는 아파트를 제외한 대부분의 주택유형에서 동일하게 나타나고 있음을 알 수 있다(그림 6-1b). 특히 오피스텔이 주류인 기타 주택유형에서는 2010년 약 70%가 보증부월세계약을 유지하고 있다. 반면 연립 · 다세대 및 아파트의 경우는 여전히 30%대에 불과한 보증부월세계약이 유지되고 있다. 즉 보증부월세 비중의 지역 간 차이에 비해 주택유형별 격차가 더 크게 존재하고 있다. 한 가지 흥미로운 점은 아파트의 경우 월세 비중의 증가가 과거 20년 동안 그리 두드러지지 않는다는 점이다.

단순히 전세와 보증부월세의 차이가 아닌 전체적인 보증금 비중의 변화를 함께 살펴보기 위해 노동패널(1999~2012년)자료를 분석하였다.[1]

1) 노동패널자료는 시계열은 다소 제한적이고, 표본의 차이로 인해 인구주택총조사와는 전반적인 비율의 수준차이가 존재하나, 동일한 가구를 지속적으로 조사하는 패널자료

임차가구(전월세가구)를 대상으로 전세와 보증부월세의 계약유형의 변화를 살펴보면 과거 14년간 전세의 비중이 75%에서 56%로 지속적으로 낮아져 왔음을 알 수 있다(표 6-2). 그러나 그 과정을 살펴보면 월세 비중이 높은 보증부월세로의 직접적인 전환이 아니라 2002년경 그리고 최근 2011년경 전세난 시기 보증금 비중이 전세의 60% 이상 되는 반전세의 단기적인 증가가 일차적으로 발생하는 현상이 관측된다. 이는 전세난 시기 전세가상승의 압력을 반전세로 수용하고 이후 일반적인 보증부월세의 단계로 점진적으로 변화하는 현상이 발생하고 있다고 이해할 수 있다.

표 6-2 전국 연도별 전월세 계약유형의 비중

연도	계약유형(%)					
	순수월세	보증금 20% 미만	보증금 20~60%	보증금 60% 이상	전세	계
1999	102 (5.90)	71 (4.11)	217 (12.56)	51 (2.95)	1,287 (74.48)	1,728
2000	91 (5.54)	72 (4.38)	197 (11.98)	48 (2.92)	1,236 (75.18)	1,644
2001	94 (5.97)	70 (4.44)	160 (10.16)	50 (3.17)	1,201 (76.25)	1,575
2002	76 (4.92)	84 (5.44)	160 (10.36)	45 (2.91)	1,180 (76.38)	1,545
2003	95 (5.99)	106 (6.68)	184 (11.59)	83 (5.23)	1,119 (70.51)	1,587
2004	104 (6.22)	138 (8.26)	219 (13.11)	74 (4.43)	1,136 (67.98)	1,671

인 관계로 시계열적인 변화추세를 보는 데는 좀 더 유리한 특성을 지닌 자료이다.

2005	106	175	203	73	1,144	1,701
	(6.23)	(10.29)	(11.93)	(4.29)	(67.25)	
2006	91	207	226	71	1,138	1,733
	(5.25)	(11.94)	(13.04)	(4.1)	(65.67)	
2007	95	204	276	103	1,083	1,761
	(5.39)	(11.58)	(15.67)	(5.85)	(61.5)	
2008	89	211	271	76	1,177	1,824
	(4.88)	(11.57)	(14.86)	(4.17)	(64.53)	
2009	125	371	356	117	1,522	2,491
	(5.02)	(14.89)	(14.29)	(4.7)	(61.1)	
2010	122	328	342	106	1,478	2,376
	(5.13)	(13.8)	(14.39)	(4.46)	(62.21)	
2011	106	355	396	148	1,330	2,335
	(4.54)	(15.2)	(16.96)	(6.34)	(56.96)	
2012	96	359	425	159	1,300	2,339
	(4.1)	(15.35)	(18.17)	(6.8)	(55.58)	
계	1,392	2,751	3,632	1,204	17,331	26,310
	(5.29)	(10.46)	(13.80)	(4.58)	(65.87)	(100.00)

주 : 개별 보증부월세의 전세대비 보증금 비율은 국민은행에서 제공되는 각 시점별 · 지역별 전월세전환율을 이용하여 가상전세를 산정하여 계산하였음.
자료 : 통계청, 각 연도, 노동패널조사.

흥미로운 점은 해당 기간 동안 해외의 순수월세와 같은 월세 비중은 오히려 감소했다는 점이다. 반면 보증금 비중이 전세의 20% 이하인 보증부월세의 비중이 4%대에서 15%대로 가장 급격히 증가했음을 알 수 있다. 이러한 현상은 월세화가 가속화되더라도 해외와 같은 순수월세 시장으로 수렴한다기보다는 국내의 독특한 형태인 보증부월세 중 월세 비중이 높은 계약의 형태로 집중될 가능성이 더 크다는 점을 보여준다.

그림 6-2 수도권 및 비수도권 연도별 전월세 중 보증금 비중별 비율추세

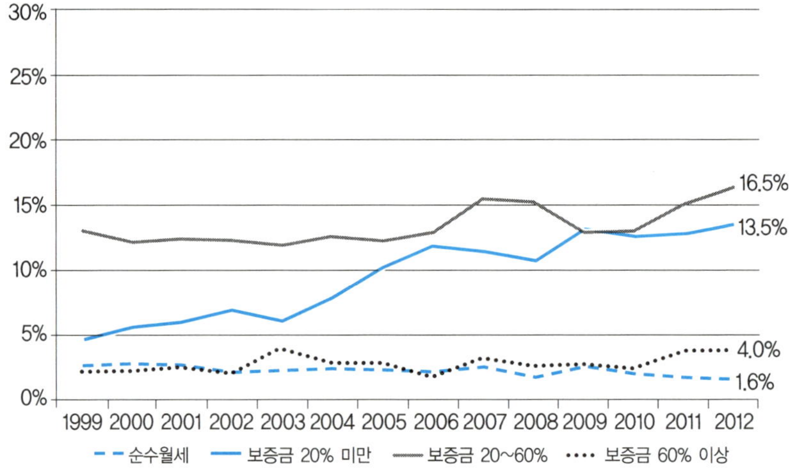

(a) 수도권 보증금 비중별 비율*

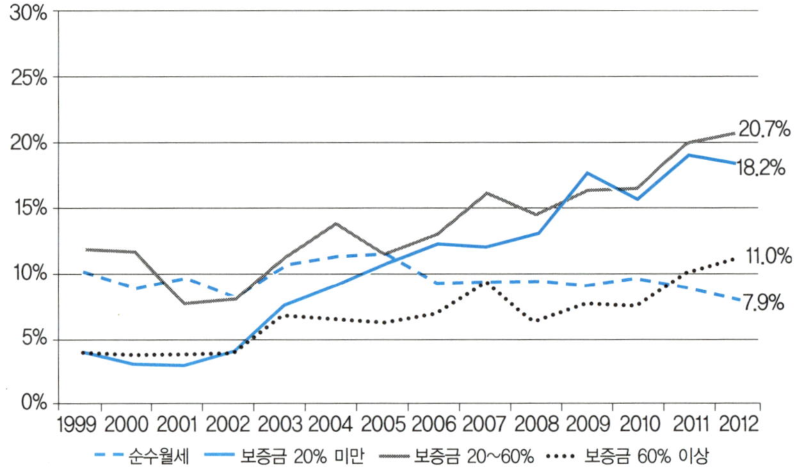

(b) 비수도권 보증금 비중별 비율*

* 모든 비율 전세를 포함한 총전월세 가구수대비 비율임.
자료 : 통계청, 각 연도, 노동패널조사.

다음으로 전국을 수도권과 비수도권으로 나누어 추세를 살펴보도록 하자(그림 6-2). 보증금의 비중으로 전월세를 세분화하면 보증금이 전세금의 20% 미만인 계약의 비중이 수도권 및 비수도권 모두에서 가장 급격히 증가하여 2012년에는 수도권에서는 14%, 비수도권에서는 18%를 유지하는 양상을 보여 준다. 하지만 수도권과 비수도권 모두 가장 높은 비중을 차지하는 계약은 보증금이 전세금의 20~60%인 보증부월세이다.

흥미롭게도 수도권에 비해 비수도권에서 보증금이 전세금의 60% 이상이 되는 반전세의 계약 비중이 훨씬 급격히 증가하여 2012년에는 전월세계약 중 11%를 차지하고 있다. 이는 수도권에 비해 비수도권에서 월세화 현상이 선행하여 진행되고 있음을 보여 주는 결과이다. 반면 보증금이 없는 순수월세 혹은 사글세의 경우는 수도권 및 비수도권 모두에서 오히려 감소하고 있다.

최근 진행되는 월세화의 속도와 정점을 가늠하기 위한 한 수단으로 인구구조변화의 영향과 주택수요 감소와 주택공급 확대의 효과가 먼저 발생한 지방 비아파트 주택임대시장을 살펴보는 것이 도움이 될 수 있다. 비수도권 비아파트 주택임대시장에서 보증금 비중의 변화를 살펴보면 전세의 비중은 1999년 68%에서 2012년 38%로 급격히 감소하였다(그림 6-3). 또한 보증부월세 중 가장 높은 비중을 차지하는 계약유형은 보증금이 전세금의 20% 이하인 계약이 2012년 현재 전월세계약 중 25%를 차지하여 보증금 비중이 20~60%인 계약의 비중인 19%를 훨씬 상회하고 있다. 이러한 양상은 향후 국내 주택시장의 월세화 현상이 순수월세로 수렴하는 것이 아니라 보증금의 비중이 어느 정도 유지되는 보증부월세로의 전환이 가속화되는 양상일 것임을 다시 한 번 확인하게 해 준다. 또한 지금 전국의 평균적인 월세화의 정도가 5~6년 전 비수도권 비아파트시장에서 관측하는 월세화 정도임을 감안하면 향후 5~6년 뒤 전국의 평균적인 월세화 수준이 지금의 지방 비아파트 전월세시장 상황일 수 있다는 판단도 해볼 수 있다.

그림 6-3 지방 비아파트 전월세 중 보증금 비중별 비율추세

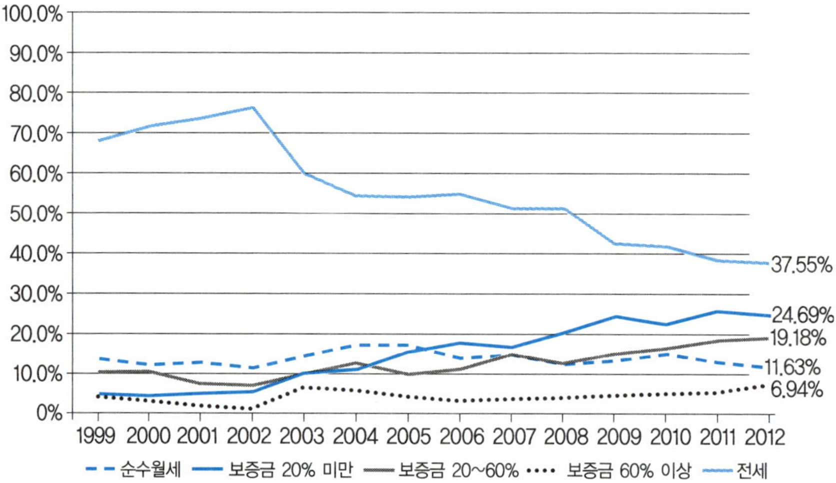

자료 : 통계청, 각 연도, 노동패널조사.

이와 같이 현재 진행되고 있는 월세화 현상은 지역별로 주택유형별로 차별화된 수준에서 발생하고 있으며, 장기적인 과거 추세를 감안할 때 사이클의 정점일 수도 있다. 그러나 최근의 월세화 현상이 단순한 시장 사이클의 한 국면이라고 보기에는 그 지속성이나 강도에 있어 과거의 사이클에 비해 차별성을 보여 준다. 따라서 현재 진행되고 있는 월세화 현상은 시장 사이클의 한 국면이라기보다는 시장의 구조적 변화로 나타나는 현상일 가능성이 높다고 판단된다.

2. 월세화의 속도가 얼마나 빠를 것인가?

최근 발생하고 있는 월세화 추세는 장기간 동안의 변화추이를 살펴보더라도 상당히 눈에 띄는 속도로 월세화가 진행되고 있다. 이는 단순히 지금의 월세화 현상을 장기간 동안 발생할 수 있는 사이클의 한 국면이라고 보기에는 그 강도가 기존에 관측되던 수준을 넘어섰다고 판단된다. 이러한 월세화 추세는 향후 매매시장의 변화과정에 결코 독립적이지 않으며 저성장 고령화 시대에 나타나는 상대적으로 활력이 저하될 매매시장과 동반되어 전세금 혹은 보증금의 레버리지 매력도가 떨어짐으로써 발생할 수 있는 지속적인 현상으로 이해하는 것이 합리적일 것이다.

그러나 지금 진행되고 있는 월세화의 현상이 임대인의 선호 변화로 나타나는 현상이라는 점은 그 속도에 분명 제한이 있을 수 있음을 함께 말해 준다. 왜냐하면 보증금이나 전세금을 안고 임대주택을 구입한 임대인의 경우 기존 전세금이나 보증금을 돌려 주고 월세를 받는 데는 한계가 있기 때문이다. 앞 장에서 살펴보았듯 최근 보증부월세계약 비중이 급속히 높아졌지만 전세를 포함하는 전체 전월세계약의 전세대비 보증금 비중의 변화는 미미했다는 점은 이를 뒷받침하는 관측결과이다. 지금은 전세의 급격한 상승이 이루어지고 있는 시기라 반전세와 같은 계약의 급속한 증가가 관측되지만 향후 전세금이 안정되는 시기가 도래하면 월세화 현상 역시 주춤할 가능성이 크다.

이러한 제한적인 월세화추세를 감안할 때 여전히 운영소득에 크게 좌우되지 않는 개인 민간임대사업자의 역할이 충분히 필요하다는 점을 인식할 필요가 있다. 또한 해외의 경우에도 기업형 민간임대사업자의 비중이 높지 않은 점을 고려하면 운영소득을 추구해야 하는 기업형 민간임대사업자의 확대를 위해 지나치게 노력하는 것은 한동안은 적지 않은 사회적 비용을 지불해야 가능한 선택일 수 있다.

제 2 절 전세는 바람직한 임대계약 제도인가?

전세에 대하여 월세에 비해 주거비용이 낮은 효율적인 임대계약 형태로 보는 시각이 적지 않다. 그러나 앞에서 살펴본 바와 같이 전세는 독특한 작동기제를 지닌다. 이로 인해 전세는 임대인 측면에서 뿐 아니라 임차인 측면에서도 그리 바람직하지 못한 사회적인 영향을 미치게 된다.

먼저 임대인 측면에서 살펴보면 전세제도의 경우 보유기간(임대기간) 중 월세수입을 포기하고 매각 시에 순연된 임대소득을 자본차익의 형태로 취득하게 되는 독특한 기제가 형성된다. 결국 전세제도하에서(보증부 월세의 경우도 강도는 약하지만 유사하게) 임대사업자인 다주택자들은 자본차익을 추구할 수밖에 없는 구조가 형성된다. 또한 매각을 통해서만 임대로 인한 사업수익을 실현할 수 있는 구조로 인해 임대사업의 지속성이 보장되지 못하며 기업화된 민간임대사업자의 출현이 어려운 상황이 연출된다. 결과적으로 상대적으로 자유롭게 매각하여 자본차익을 취할 수 있는 개인이 민간임대사업자의 기능을 담당하는 시장구조를 형성하게 되었다. 이러한 이유로 국내 주택시장에서는 해외와 달리 임대주택의 85%가 개인 민간임대사업자(다주택자)에 의해 공급되는 현상이 발생하게 되었다고 볼 수 있다.

특히 과거 고성장기 주택가격의 상승이 급격히 이루어지는 시기 전세는 자본차익을 추구하는 임대사업자에게 매력적인 임대계약 형태였다. 다주택자인 임대사업자들은 전세금을 활용하여 주택 한 채에 해당되는 자금으로 다수의 주택을 구입할 수 있는 레버리지 효과를 즐길 수 있었다. 이러한 구조는 결국 매각 시의 자본차익으로만 투자에 대한 수익이 발생함으로 다주택 소유자로 하여금 매매시장의 상황에 따라 투기적인 행태를 취하게 하는 근본적인 원인을 제공한다.

또한 국내 주택시장의 또 다른 특징인 높은 분리가구의 비율도 전세의 존재로 인해 가능하게 된다. 즉 투자가치가 높은 주택을 구입하여 전세로 임대하고 그 전세금으로 필요한 규모와 적정한 입지의 주택을 전세로 임차하여 거주하는 구도가 가능해진다. 이는 다주택자뿐 아니라 1가구 1주택자의 경우도 투기적인 주택구매 행태를 가능케 하는 요인이 된다. 결과적으로 다주택자로 하여금 임대주택사업자로서의 기능과 함께 투기자로서의 양면적인 행태를 조장하는 기제가 전세제도에서 기원한다. 그 결과 국내에서 다주택자에 대한 사회적 반감이 형성되고 다른 나라에서는 찾아볼 수 없는 종합부동산세나 다주택자에 대한 양도세 중과 등 징벌적인 규제가 도입될 수밖에 없었던 사회적인 불협화음을 만들어 내게 된다.

이러한 전세제도는 임차인에게도 독특한 문제점을 발생시킨다. 우선 전세제도의 효용성을 주장하는 많은 사람들의 의견처럼 가격상승기 전세는 월세에 비해 상대적으로 낮은 임대료를 지불하는 구도가 형성된다. 다음 [그림 6-4]는 노동패널자료를 이용하여 전세가구와 보증부월세가

그림 6-4 점유형태별 소득대비 주거비 비율

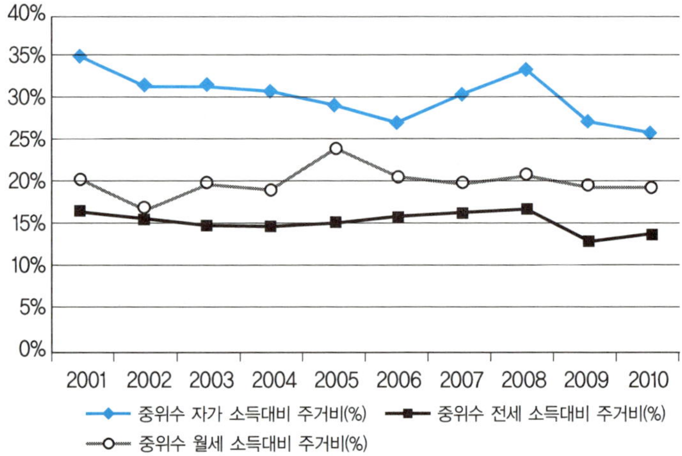

(a) 중간소득계층 점유형태별 소득대비 주거비 비중

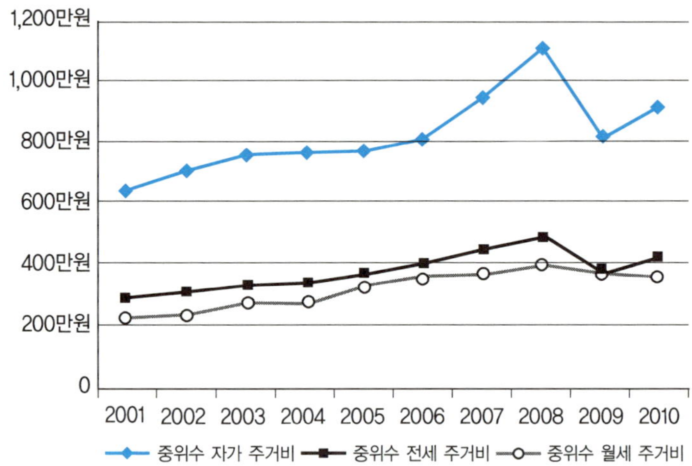

(b) 중간소득계층 점유형태별 주거비 추이

주 : 보증금의 기회비용은 전세대출 이자율로 산정.
자료 : 송인호(2013).

구의 소득대비 주거비 비율을 각 연도별로 산정한 결과이다.[2] 보증부월세가구의 소득대비 주거비 비율이 20% 내외에서 변동하는 데 반해 전세가구의 소득대비 주거비 비율은 15% 내외에서 변동하고 있음을 볼 수 있다.

그러나 가격안정기에는 주택가격에 근접하는 전세가가 형성된다는 점도 간과하면 안 된다. 이러한 현상은 앞에서 살펴본 전세 및 보증부월세에 대한 이론적 분석결과에서도 예측되는 현상이다. 매매시장의 가격변동에 영향을 받아 전세가의 변동이 극심하게 발생하게 되고, 오히려 전세가의 변동성이 매매가의 변동성보다 더 크게 나타난다. 이러한 현

그림 6-5 전국 주택 매매가와 전세가의 변동성

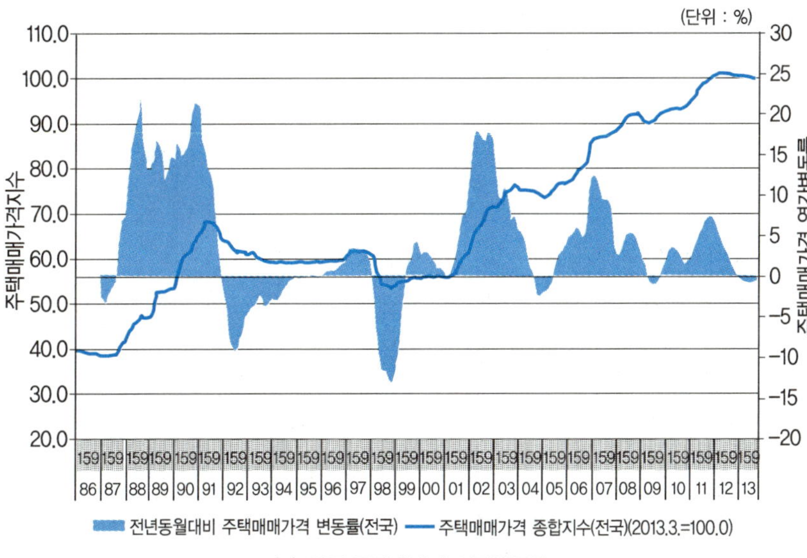

(a) 전국 주택매매가 연간변동률

2) 자가가구는 주택시가에 대한 기회비용을 주택담보대출 이자율, 전세가구와 보증부월세가구의 보증금에 대한 기회비용은 전세대출 이자율을 적용하여 산정하였음.

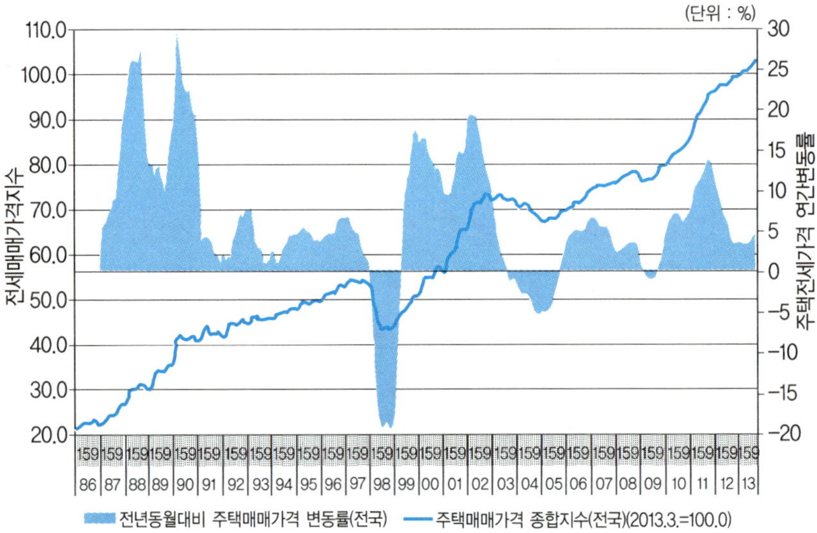

(b) 전국 주택전세가 연간변동률

자료 : 국민은행, 전국 주택 매매가지수 및 전세가지수.

상은 전국 주택매매가의 변동률을 보이는 앞의 [그림 6-5a]와 전세가의 변동률을 보여주는 [그림 6-5b]를 비교해 볼 때 통계적으로 가격변동률의 표준편차를 계산해 볼 필요도 없이 명확하게 드러난다.

반면 월세의 경우는 다른 나라에서 매매가에 비해 극히 안정적인 추세를 보이는 것이 일반적이다. 국내의 경우는 전세를 통해 주택임대시장의 임대료 변동을 파악해 온 관계로 월세와 관련된 시장지표가 취약한 것이 사실이다. 다만 부동산114에서 제한적으로 제공되는 서울시 아파트의 월세지수를 살펴보면 [그림 6-6]과 같이 해외와 마찬가지로 전세나 매매가에 비해 극히 안정적인 추세를 보이고 있다.

따라서 소득의 지출조정을 통해 상대적으로 쉽게 적응할 수 있는 월

그림 6-6 서울시 아파트 매매가, 전세, 및 월세 지수

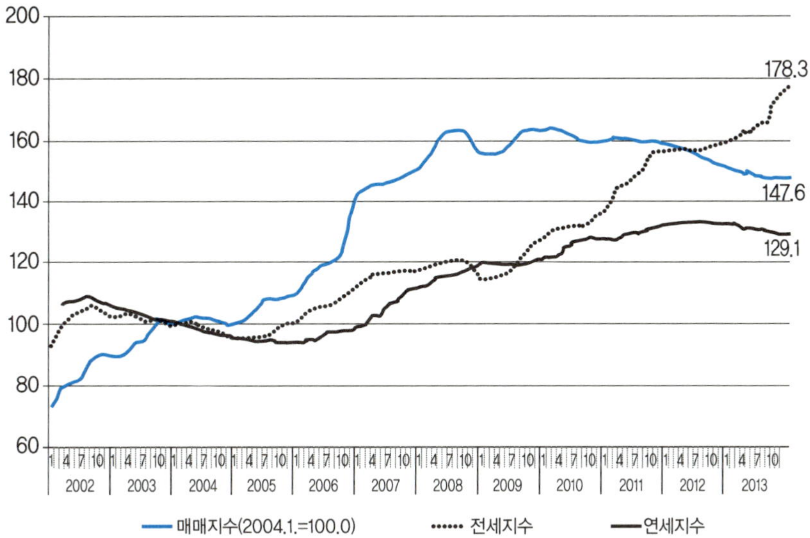

자료 : 부동산114(주) 서울시 아파트 시세자료.

세의 안정적인 변동과 달리 전세가의 급등은 추가적인 금융자산을 요구하게 됨으로 임차인의 적응에 문제점을 발생시킨다. 결국 전세대란이라는 사회적인 용어가 발생하게 되는 근본 원인이 전세라는 제도 자체에 있는 것이다. 결국 전세의 상대적으로 낮은 주거비용이라는 장점이 전세의 높은 변동성으로 인해 퇴색되는 결과가 발생한다.

그리고 전세(보증부월세도 강도는 약하나 유사하게)는 소득이 아닌 자산을 통해 주택을 소비하고 구입하는 사회적인 구조를 유도한다. 즉 임차인의 소득으로는 감당이 안 되는 주택에 대한 소비도 어떤 경로로 형성되었든 금융자산을 보유하고 있는 임차인의 경우 가능하게 된다. 이러한 기제는 전세난 시기 더욱 크게 영향을 미친다. 전세가 앙등기에 자신이 축적한 금융자산이나 친지의 도움으로 전세가의 상승분을 충당할 수 있는 가구는 여전히 낮은 비용으로 전세임차를 즐길 수 있다. 그러나 그렇지 못한 가구의 경우는 주거소비를 조절하거나 보증부월세로 전환함으로써 높은 주거비용을 부담해야 하는 엇갈림이 발생하게 된다.

결국 전세의 낮은 주거비용의 효과는 전세라는 높은 금융자산을 감당할 수 있고, 전세가의 높은 변동성을 수용할 수 있는 계층에게만 한정되어 있다. 또한 모든 가구가 시장의 전세가를 감당할 수 있는 금융자산을 보유하고 있다면 사실 전세가는 지속적으로 상승하여 매매가와 같아져 사라질 수밖에 없다. 결국 시장에서 전세가 존재할 수 있는 이유는 전세라는 금융자산을 감당할 수 없는 가구들이 존재하기 때문이라는 아이러니가 발생한다. 이러한 갈등은 결국 사회적인 형평성의 문제를 지속적으로 양산하게 된다. 결국 전세제도는 사회 전체적으로 임차인이든 임대인이든 자산이 많은 사람이 유리한 시장구조를 만드는 원인이 된다.

또한, 국내의 일반적인 주택임대계약이 2년계약을 기반으로 이루어지기 때문에 임차인의 경우 거주의 불안정성이 지속적으로 발생한다는 점이다. 이는 기본적으로 국내 주택임대시장이 다른 나라와 같이 지속적인 임대주택재고가 유지되는 독립적인 주택임대시장을 갖고 있지 못하기 때문이기도 하다. 이는 또한 국내 주택임대시장이 전세와 보증부월세에서도 보증금 비중이 높은 임대계약이 주를 이루고 있어 임대인의 측면에서 운영소득이 아닌 자본이득을 추구하는 선택이 이루어지기 때문이기도 하다. 해외의 경우 개인 민간임대사업자의 경우도 운영소득을 추구하는 행태로 인해 지속적으로 임대가 유지되는 안정적인 임대주택재고의 유지가 가능해진다.

주택시장 전반의 효율성 측면에서 정리하면 전세가 월세에 비해 실질적인 주거비용이 낮은 관계로 정태적인 관점에서 효율적이라고 보는 시각들이 많다. 그러나 장기적인 그리고 동태적인 효율성 측면에서 보면 전세가의 높은 변동성으로 인해 주택에 대한 투자가 안정적이지 못하고 극심한 변동성이 발생하는 원인이 된다. 즉 전세가의 상승으로 매매가대비 전세가의 비율이 높아지면 레버리지 효과로 인해 과잉투자가 발생할 여지가 주어진다. 반면 매매가의 상승 이후 추가적인 상승 여력이 상실되고 매매가대비 전세가의 수준이 하락하면 주택에 대한 투자가 극심하게 위축되는 현상이 발생한다. 이는 동태적인 관점에서 시장의 효율적인 투자 조정이 왜곡되는 결과를 초래하고 시장의 변동성을 증폭시킴으로써 결국은 비효율적인 주택시장이 유지되는 근본적인 원인이 된다.

이러한 복잡한 기제를 수용하면 사회적으로 전세를 지속적으로 유지하는 것이 바람직한가에 대한 강한 의문을 갖게 된다. 이제는 전세제도가 지닌 표피적인 효용성보다는 좀 더 심도 깊은 이해를 통해 그 사회적 폐해에 대한 이해와 논의가 필요한 시점이라고 판단된다. 다만 급격한 월세화가 국민들의 주거비 부담을 증가시키는 영향을 미친다는 점을 감안하면 전세시장을 억지로 월세시장으로 변화시키는 것이 단기적으로 꼭 바람직한 선택이라고 보기 어렵다. 다만 전세의 선택을 지원하는 현재의 제도적인 틀을 보완함으로써 자연스럽게 월세시장으로의 변화를 유도하는 완충적인 노력이 필요할 것이다.

제 3 절 기업형 민간임대사업자의 육성이 필요한가?

1. 개인 민간임대사업자인 다주택자에 대한 규제가 필요한가?

끊임없이 논란이 되는 다주택자의 부정적인 기능에 대하여는 분명한 이유가 있다. 우선 다주택자는 전세제도라는 국내 주택시장의 기제하에서 좋든 싫든 전세금의 레버리지 효과를 추구하는 투기적인 행태를 나타낼 개연성이 높다. 심한 경우에는 많이 회자되듯 큰 자기자본 없이 은행담보대출을 결합하여 다수의 주택을 소유할 수 있는 경우도 발생한다. 또한 전세제도하에서 자본차익이란 순연된 임대소득의 성격을 지니고 있다는 점은 분명하지만 지나치게 자본차익을 추구하는 다주택자들의 행태가 사회적인 문제점을 발생시킬 수 있다는 점은 분명하다.

또한 국내에서 현시점까지 전세의 임대소득 산정의 어려움으로 전세나 보증금에 대한 임대소득세가 징수되지 못하고 있는 실정이다. 이로 인해 다주택자에 대한 양도세 중과나 종합부동산세와 같은 조세적인 틀이 요구되는 근거가 되어 왔다.

결국 다주택자에 대한 국민의 부정적인 시각에는 이유가 있으며, 그러한 역기능을 수행할 수 있는 것이 다주택자이다. 그러나 사회적으로 요구되는 다주택자의 순기능 또한 동시에 존재한다. 결국 어느 국가이든 민간임대주택의 상당한 비중이 요구되고, 국내의 경우는 40% 이상의 임차가구가 존재한다. 국내의 다주택자들은 기업화된 임대사업자가 형성되기 어려운 상황에서 주요한 임대사업자로서의 기능을 한다. 이는 소형 저렴주택뿐 아니라 중대형 중고가주택에 대해서도 마찬가지이다.

또한 자가와 차가시장이 명확히 분리되어 있지 않은 국내 주택시장에서 다주택자는 지속적인 주택공급을 위한 1차적인 투자자로서 기능하게 되고 이러한 투자자로서의 기능은 국내에서 유지되고 있는 선분양제도에 의해 더욱 강화된다. 따라서 무작정 다주택자들을 사회의 암적인 존재로 치부하고 여러 가지 규제 장치를 통해 그들의 투자 및 임대사업자의 기능을 약화시키면 결국 사회적으로 요구되는 원활한 주택공급에 제약이 발생하고, 결과적으로 멀지 않은 장래에 더 높은 주거비용을 지불하며 살아가야 되는 상태를 조장하게 된다.

장기적으로 주택시장을 안정화시키기 위한 대안 개발을 위해서는 논의의 전제가 필요하다. 즉, 좋든 싫든 상당한 민간임대주택시장의 비중 유지가 필요하고, 이를 담당할 건전한 민간임대사업자가 필요하다는 점이다. 또한 주택의 지속적인 공급을 위한 일차적인 투자자의 기능도 위축시켜서는 안 되는 역할이다. 어차피 누군가는 다수의 주택을 소유해서 임대사업자의 기능을 담당해야 한다면 소유의 억제보다는 임대사업자로서의 사회적 역할과 의무를 부과할 수 있는 제도적 보완의 형태로 방향성을 선택하여야 한다.

과거 도입된 다주택자관련 규제 장치의 바람직하지 못한 시장효과는 차치하고라도 과연 다주택자에 대해 강화된 규제가 무주택자의 주택보유를 증가시켜 자가율을 높이려는 일차적인 목표를 달성했는가에 대해서도 의문이 든다. 최근 시계열적인 주택시장 분석에 중요한 자료로 활용되고 있는 노동패널자료를 활용한 김준형 외(2009)의 연구는 이 진단과 관련된 흥미로운 결과를 제시하고 있다. 동일한 자료로 2012년까지의 노동패널자료를 분석하면 다음의 〈표 6-3〉과 같다.

표 6-3 주택소유유형별 가구비율 변화

연도	타 주택비소유		타 주택소유		주택 보유율	자가 거주율
	무주택 임차가구	일치가구	분리가구	다주택 소유가구		
1999	39.2	53.1	3.7	4.1	60.8	57.2
2000	40.0	53.4	3.0	3.6	60.0	57.0
2001	38.4	55.0	2.9	3.6	61.6	58.6
2002	38.0	55.7	2.6	3.7	62.0	59.4
2003	37.4	57.0	2.6	3.0	62.6	60.0
2004	36.6	56.6	3.4	3.3	63.4	60.0
2005	36.5	55.3	3.5	4.6	63.5	59.9
2006	36.8	54.4	3.8	5.1	63.2	59.4
2007	37.1	54.1	3.7	5.2	62.9	59.2
2008	37.0	53.4	4.4	5.2	63.0	58.6
2009	38.6	53.1	4.1	4.2	61.4	57.3
2010	37.8	54.6	3.5	4.1	62.2	58.7
2011	37.6	55.0	3.5	4.0	62.4	58.9
2012	37.4	55.1	3.5	4.1	62.6	59.2

자료 : 통계청, 노동패널자료(1999~2012).

다주택자에 대한 양도소득세 중과의 완화(임대사업자 기준의 완화)가 이루어진 1999년 이후 자가거주율은 57%에서 지속적으로 상승하여 2003년에는 60%에 도달하였다. 그러나 양도소득세 중과가 강화된 2003년 이후 그리고 종합부동산세가 도입되고(2005년 말) 강화된 이후(2006년 말) 오히려 자가거주율이 하락세를 보이고 있다. 다주택소유가구 비율 또한 1999년 4.1%에서 2003년 3.0%로 감소하다가 그 이후 오히려 2007년 5.2%까지 증가하는 양상을 보여준다. 반면에 거주와 소유를 분리하는 1주택 소유가구인 분리가구가 규제완화 시기 감소하다가 2003년 규제강화 시기 이후 다시 증가하는 양상을 보여 준다.

주택가격상승률과 주택보유율 및 자가거주율과의 관계를 살펴보면 주택가격상승기에 자가율이 높아지고 주택가격침체기에 자가율이 낮아지는 관계가 관측된다(그림 6-7). 이는 해외의 주택시장에도 동일하게 관측되는 현상으로 주택이 기본적으로 소비재인 동시에 투자재로서의 성격을 지닐 수밖에 없기 때문이다(DiPasquale and Wheaton, 1996; 이창무 2010).

그림 6-7 전국 주택가격상승률, 주택보유율, 자가거주율

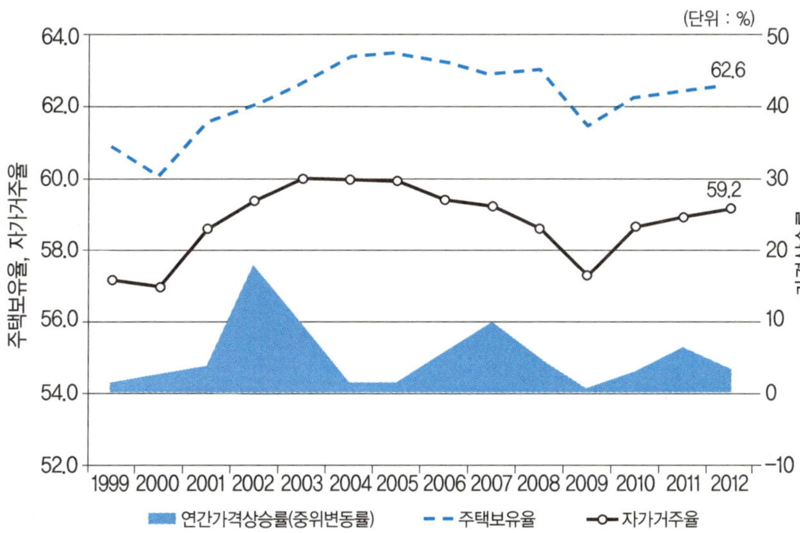

자료 : 국민은행, 노동패널자료.

이러한 분석결과는 다주택자에 대한 소유규제(보유비용증가를 통한 수익성 저하)를 통해 무주택자에게 주택을 보유하게 한다는 일차적인 목적

역시 그 달성도를 인정하기 힘들다는 판단을 하게 한다. 오히려 다주택자에 대한 규제가 장기적으로는 현재 진행되고 있는 전세대란과 같은 주택임대시장을 어렵게 하는 원인으로 작용하고 있다고 볼 수 있다. 즉 국내 주택시장의 특성상 다주택자를 정상적인 주택임대사업자로 인정하고 긍정적인 역할을 끌어낼 수 있는 제도적 틀의 변화가 요구된다.

민간임대사업자인 다주택자의 긍정적인 역할을 끌어내기 위해서는 대안적인 투자대상과 비교하여 요구되는 수익성을 보장해 줄 필요가 있다. 문제는 다주택자를 규제하는 분위기에서 도입된 조세장치들이 누진세와 종합과세의 성격으로 복잡하게 구성되어져 있다는 점이다. 이로 인해 민간임대사업자의 수익성에 대한 명쾌한 판단이 쉽지 않은 것이 현실이다.

이러한 구조를 수용하여 특정 민간임대사업자를 가정하고 세후수익률을 분석해 보도록 하자. 항상 언론의 관심을 받고 있는 서울시의 중위 정도 수준의 전세가가 유지되는 아파트의 경우를 가정하여 분석하였다. 또한 임대사업자의 확대가 목적임으로 자산여력이 있는 1주택자가 주택임대사업에 뛰어드는 경우를 가정하여 비용을 산정하였다. 세부적으로는 과세소득 9,000만 원이고, 시장가격 16억 원(과표가액: 12.8억 원)인 아파트에 거주하는 가구가, 4억 원(전세 2억 원) 아파트 두 채를 구입하여 임대사업을 새로 시작하는 경우 발생하는 수입과 비용을 분석하였다. 또한 현재와 장래 시장에 대한 시나리오로 전세/매매가 비율은 50%, 전월세전환율은 7%, 잠재자본환원율(임대수익률) 3.5%, 담보대출 이자율은 3.7%로 가정하였다. 그리고 향후 주택가격의 상승률은 1%, 3%, 5%의 세 경우를 가정하여 분석하였다.[3]

---

3) 상세한 내용은 이창무(2013) 참조.

이 경우 세후수익률을 분석하기 위해 보증금(전세금)의 레버리지 활용에 따른 수익률을 산정하였고, 내부수익률 산정방법을 간략화하여 모든 수입과 비용을 연간단위로 전환하여 분석하였다. 따라서 취득시점에 발생하는 취득세와 양도시점에 발생하는 양도소득세를 보유기간으로 나누어 연간비용으로 전환하였다. 따라서 세후운영수익률은 잠재운영수익률에서 소득세와 재산세 효과를 차감한 값이 되고 세후자본수익률은 연간가격상승률에 따른 잠재자본수익률에서 양도소득세와 취득세 효과를 차감한 값으로 산정하였다.

우선 현재 제도상 종합부동산세가 적용되는 경우의 수익구조를 보면 〈표 6-4〉와 같다. 우선 전세금의 20% 정도를 보증금으로 보증부월세의

표 6-4 현 조세제도하에서의 3주택자의 세후수익률 분석

보유기간	계약형태	가격상승률	세전수익률	소득세	재산세	양도세	취득세	세후수익률		
								운영	자본	총
5년	보증부월세	5%	8.67%	0.00%	1.01%	0.86%	0.58%	2.11%	4.12%	6.22%
		3%	6.44%	0.00%	1.01%	0.38%	0.58%	2.11%	2.38%	4.49%
		1%	4.22%	0.00%	1.01%	0.06%	0.58%	2.11%	0.47%	2.58%
	전세	5%	10.00%	0.00%	1.81%	1.55%	1.04%	−1.81%	7.41%	5.60%
		3%	6.00%	0.00%	1.81%	0.68%	1.04%	−1.81%	4.28%	2.47%
		1%	2.00%	0.00%	1.81%	0.11%	1.04%	−1.81%	0.85%	−0.96%
10년	보증부월세	5%	8.67%	0.00%	1.01%	1.01%	0.29%	2.11%	4.25%	6.36%
		3%	6.44%	0.00%	1.01%	0.43%	0.29%	2.11%	2.61%	4.72%
		1%	4.22%	0.00%	1.01%	0.08%	0.29%	2.11%	0.74%	2.85%
	전세	5%	10.00%	0.00%	1.81%	1.82%	0.52%	−1.81%	7.66%	5.85%
		3%	6.00%	0.00%	1.81%	0.78%	0.52%	−1.81%	4.70%	2.89%
		1%	2.00%	0.00%	1.81%	0.14%	0.52%	−1.81%	1.34%	−0.47%

자료 : 이창무(2014).

경우 세후총수익률의 최소 기준이라고 볼 수 있는 5~6%를 상회하는 경우는 주택가격이 5%씩 꾸준히 상승하는 경우를 제외하면 수익성이 보장되지 않는다. 또한 최근 이루어진 다주택자 양도세 중과 폐지를 고려하였음에도 불구하고 전세의 경우 세후총수익률의 관점에서 수익성이 보장되는 경우가 없으며, 특히 세후운영수익률은 음의 값을 보이고 있다. 이러한 결과는 현재의 민간임대사업자(다주택자)에 대한 조세제도가 유지되는 경우 주택가격의 급격한 상승이 이루어지지 않는 한 결코 민간임대주택에 대한 투자를 유인할 수 없는 구조임을 보여 준다.

다음으로 임대사업자로 등록하는 경우 종합부동산세가 면제된다. 그러나 임대사업자로 등록 시 현실적으로 납부하지 않았던 임대소득세를 납부해야 하는 추가적인 비용이 발생하게 된다. 이를 반영하여 세후수익률을 산정하면 다음의 〈표 6-5〉와 같다. 전반적으로 약간의 세후수익률 향상이 이루어졌으나 주택가격이 향후 5%씩 꾸준히 상승하는 경우를 제외하면 만족스러운 수익률이 보장되지 못하는 결과이다.

현실적으로 5%의 가격상승률을 기대하기 어려운 향후 시장이라는 점을 고려하면 지금의 임대사업자 등록 시 제공되는 종합부동산세 감면이 그리 매력적이지 못하며, 결국 그 효과는 임대소득세의 징수로 인해 상쇄됨을 보여준다. 특히 최근 임대소득세 징수와 관련된 논란에서 부각된 것처럼 추가적으로 소득이 노출됨으로 인해 발생하는 건강보험료와 같은 준조세 비용의 증가를 고려한다면 임대사업자 등록에 연계되어 있는 조세감면은 유인효과보다는 투자의욕을 상실케 하는 역효과를 발생시키는 구조임을 알 수 있다.

결국 안정적인 주택매매시장을 고려하면 과거 고성장기에 유지되었던 적지 않은 다주택자 혹은 개인임대사업자 관련 조세제도의 변화를

표 6-5 임대사업자 등록 시 세후수익률 분석

보유기간	계약형태	가격상승률	세전수익률	소득세	재산세	양도세	취득세	세후수익률		
								운영	자본	총
5년	보증부월세	5%	8.67%	1.09%	0.12%	0.86%	0.58%	1.91%	4.12%	6.02%
		3%	6.44%	1.09%	0.12%	0.38%	0.58%	1.91%	2.38%	4.29%
		1%	4.22%	1.09%	0.12%	0.06%	0.58%	1.91%	0.47%	2.38%
	전세	5%	10.00%	0.36%	0.21%	1.55%	1.04%	−0.57%	7.41%	6.85%
		3%	6.00%	0.36%	0.21%	0.68%	1.04%	−0.57%	4.28%	3.72%
		1%	2.00%	0.36%	0.21%	0.11%	1.04%	−0.57%	0.85%	0.28%
10년	보증부월세	5%	8.67%	1.09%	0.12%	1.01%	0.29%	1.91%	4.25%	6.16%
		3%	6.44%	1.09%	0.12%	0.43%	0.29%	1.91%	2.61%	4.52%
		1%	4.22%	1.09%	0.12%	0.08%	0.29%	1.91%	0.74%	2.65%
	전세	5%	10.00%	0.36%	0.21%	1.82%	0.52%	−0.57%	7.66%	7.09%
		3%	6.00%	0.36%	0.21%	0.78%	0.52%	−0.57%	4.70%	4.13%
		1%	2.00%	0.36%	0.21%	0.14%	0.52%	−0.57%	1.34%	0.77%

자료 : 이창무(2014).

요구한다고 볼 수 있다. 종합부동산세의 폐지 혹은 재산세로의 흡수통합은 필수적이며, 임대소득세 분리과세, 독일과 같이 장기임대 시 양도소득세 면제와 같은 적극적인 대안이 필요하다고 판단된다.

2. 기업형 민간임대사업자의 육성이 필요하고 가능한가?

국내 주택시장은 여러 가지 면에서 해외 주택시장과는 다른 기제를 유지하고 있다. 이를 파악하기 위해 비교국가로 많이 고려되는 미국, 일본, 독일 3개국을 선정하여 주택시장의 특징을 비교해 보기로 하자. 우선 주택유형별 비중을 살펴보면 흥미로운 결과가 도출된다(표 6-6). 미국과 일본의 경우는 단독주택의 비중이 각각 64%, 54%에 달하고 있고, 독일의 경우도 약 30%가 단독주택에 거주하고 있는 것으로 파악된다. 그러나 한국의 경우는 주택유형 중 단독주택에 거주하는 가구수의 비중이 전체 주택의 40%에 불과하다. 더욱이 단독주택으로 분류되어 있으나 여러 세대가 한 건물에 거주하는 다가구주택의 비중이 높다는 점을 고려하면 일반단독에 거주하는 가구수의 비율은 극히 낮아 20% 이하일 것으로 추정된다.[4] 결국 어림잡아 전체가구의 80% 가까이 2호 이상의 공동주택에 거주하고 있다고 볼 수 있다.

주택유형별 자차가의 비중을 살펴보면 미국, 일본, 독일의 경우 단독주택의 경우 자가비율이 높은 반면 공동주택일수록 차가의 비중이 높아 3~4호 이상의 공동주택의 경우 대략 80% 내외가 임차가구로 파악된다. 반면 한국의 경우는 오히려 대규모 공동주택인 아파트에서 자가 비율(63%)이 가장 높으며, 주택유형 간 차가비율은 큰 격차를 보이지 않는다. 이와 같이 국내 주택시장에서 차가가구가 집중되어 있는 주택유형이 없다는 점은 해외와 같이 독립된 주택임대시장이 형성되지 못하고 자가와 차가 시장 간 중첩도가 높은 시장구조를 유지하는 원인이 되고 있다고 판단된다.

모든 국가에서 가능한 자료는 아니나, U.S. HUD(2011)의 분석결과를 보면 미국의 경우 1985년에서 2009년까지 24년 동안 5호 이상의 공동주택의 경우 76%가 임대주택으로 유지되고 있는 것으로 나타난다(표

4) 소유단위 단독주택수의 비중은 전체 주택수대비 27%이며, 단독주택수대비 거주가구수의 비율은 1.8가구로 조사됨(2010년 인구주택총조사).

표 6-6 주요 국가의 주택유형별 자·차가 비중 (단위 : 천 가구)

한국				미국			
주택유형	전체	자가	차가*	주택유형	전체	자가	차가*
계	17,339 (100%)	9,390 (54.2%)	7,950 (45.8%)	계	114,907 (100%)	76,091 (66.2%)	38,816 (33.8%)
단독다가구	6,860 (100%)	3,057 (44.6%)	3,803 (55.4%)	1호 주택, detached	73,761 (100%)	62,662 (85.0%)	11,099 (15.0%)
다세대	1,241 (100%)	697 (56.2%)	544 (43.8%)	1호 주택, attached	6,744 (100%)	4,090 (60.6%)	2,654 (39.4%)
연립	502 (100%)	314 (62.5%)	288 (37.5%)	2-4호 주택	8,956 (100%)	1,419 (15.8%)	7,537 (84.2%)
아파트	8,169 (100%)	5,182 (63.4%)	2,987 (36.6%)	5호 이상 주택	18,257 (100%)	2,243 (12.3%)	16,013 (87.7%)
기타	566 (100%)	139 (24.2%)	427 (75.8%)	기타	7,190 (100%)	5,678 (79.0%)	1,512 (21.0%)

일본				독일			
주택유형	전체	자가	차가*	주택유형	전체	자가	차가*
계	48,086 (100%)	30,316 (63.0%)	17,770 (37.0%)	계	36,089 (100%)	16,494 (45.7%)	19,595 (54.3%)
단독주택	25,959 (100%)	24,129 (93.0%)	1,830 (7.0%)	1호 주택	10,643 (100%)	9,384 (88.2%)	1,259 (11.8%)
연립주택	1,197 (100%)	339 (28.3%)	858 (71.7%)	2호 주택	6,610 (100%)	3,904 (59.1%)	2,706 (40.9%)
아파트	19,586 (100%)	4,658 (23.8%)	14,928 (76.2%)	3-6호 주택	7,580 (100%)	1,723 (22.7%)	5,857 (77.3%)
기타	1,344 (100%)	1,190 (88.5%)	154 (11.5%)	7호 이상 주택	10,256 (100%)	1,484 (14.5%)	9,774 (85.5)

* 차가는 무상 등 기타 계약유형을 포함한 숫자임.

자료 : 한국: 2010년 인구주택총조사; 미국: 2011년 American Housing Survey; 일본: 2008년 住宅 · 土地統計調査; 독일: 2010년 Mikrozensus(마이크로 센서스).

6-7). 반면 단독주택의 경우는 74%가 자가주택으로 유지되어 자가주택시장과 임대주택시장이 상당히 분리된 구조가 지속적으로 유지되고 있음을 알 수 있다.

표 6-7 미국의 자가 및 차가 주택의 지속성(1985~2009)

주택유형	자가	차가	자가/차가
1호 주택, detached	73.5%	2.4%	24.1%
이동 주택	66.1%	7.0%	26.8%
1호 주택, attached	47.7%	16.7%	35.6%
2-4호 주택	5.9%	60.5%	33.6%
5호 이상 주택	4.9%	76.3%	18.8%

자료 : U.S. HUD(2011), Housing Units that Serves Both the Renter and Owner Market.

좀 더 세부적으로 임차가구 거주주택의 소유자 유형별 비율을 살펴보면 한국의 경우 기업형 민간임대사업자의 분류가 어려운 점이 있으나 5년 공공임대 등 법인소유 주택의 거주가구 비율이 4%, 공공소유 주택은 11%에 불과하다(표 6-8). 전체 임차가구의 85%(제도권 매입임대 3.5% 포함)가 개인이 소유한 주택에 거주하고 있다. 참고로 전체 임차가구의 48%가 개인소유의 단독·다가구 주택에 거주하고 있다.

미국의 경우는 전체 임차가구 중 53%가 기업형 민간임대주택에 해당되는 아파트에 거주하고 개인이 소유한 민간임대주택에 거주하는 임차가구가 44%이다. 일본의 경우는 전체 임차가구 중 19%가 법인소유 민간임대주택에 거주하고 64%의 임차가구가 개인소유 민간임대주택에 거주하는 것으로 추정된다. 다만 소유자와 상관없이 임대관리회사에서

표 6-8 주요 국가의 임대주택공급자(소유자)유형

한국		미국	
사업자유형	가구수(천)	사업자유형	가구수(천)
민간임대	7,052(88.7%)	민간임대	37,686(97.1%)
개인	6,463(81.3%)	개인	17,184(44.3%)
민간매입임대[2)]	275 (3.5%)	Apartment[3)]	20,502(52.8%)
민간법인[2)]	314 (3.9%)	공공임대[4)]	1,130(2.9%)
공공임대[2)]	898(11.3%)		
계[1)]	7,950 (100%)	계[3)]	38,816(100%)
일본		**독일**	
사업자유형	가구수(천)	사업자유형	가구수(천)
민간임대	14,763(83.1%)	민간임대	18,956(88.0%)
개인	11,451(64.4%)	개인	13,798(64.1%)
민간법인[6)]	3,312(18.6%)	주택조합 & 민간단체[9)]	2,389(11.1%)
공공임대[5)]	3,007(16.9%)	민간법인[10)]	2,769(12.9%)
(임대관리회사)[7)]	7,689(43.3%)	공공임대[11)]	2,576(12.0%)
계[5)]	17,770 (100%)	계[8)]	21,532(100%)

자료 : • 한국: 1) 계(임차가구수)는 2010년 인구주택총조사; 2) 2012년 말 재고, 국토교통부 통계누리(http://stat.molit.go.kr), 김근용 · 김용순 · 이용만(2014)에서 재인용, 민간법인(민간소유 10년임대, 사원임대, 5년임대, 민간건설임대 재고), 공공임대(LH 및 지자체 소유 재고); 민간임대 및 민간개인 임대주택수는 추정치.

• 미국: 3) 계(임차가구수) 및 apartment 임차가구수는 2011년 American Housing Survey; 4) US HUD(2014), public housing only; 민간임대 및 민간개인 임대주택수는 추정치.

• 일본: 5) 계(임차가구수) 및 공공임대(공영 및 도시재생) 거주가구수는 2008년 住宅 · 土地統計調査; 6) 2008년 住宅 · 土地統計調査 급여주택 거주가구수(1,486천 가구)+2003년 住宅 · 土地統計調査 법인소유 민영임대주택 거주가구수(1,914천 가구); 7) 임대관리회사 호수는 이상영(2013) 재인용; 민간임대 및 민간개인 임대주택수는 추정치.

• 독일: 2011년 Zensus Gebäude und Wohnungen(건물과 거처 센서스); 8) 계(주택거주 차가가구수); 9) 주택조합+비영리단체(교회 등); 10) 주택사업기업+일반기업; 11) 시영+주(연방)정부; 개인은 총 차가가구수에서 다른 유형의 주택호수를 제외한 값으로 추정.

관리하는 주택수가 43%에 달한다. 마지막으로 독일의 경우는 시영 및 주(연방)정부가 소유하는 임대주택은 12%에 불과하고 비영리법인 민간단체주택이 1.3%, 민간법인이 임대하는 주택이 13%를 차지하고 나머지 74%는 개인이 영리의 목적으로 소유하는 민간임대주택에 거주하고 있는 것으로 추정된다.

이와 같이 해외 주요 국가들도 개인 민간임대의 비중이 44~64%를 차지하고 있으나, 국내 임대주택시장은 특히 기업형 민간임대주택[5]의 비중이 극히 낮고, 85%가 개인 민간임대사업자들을 통해 민간임대주택의 공급이 이루어지는 독특한 기제를 가지고 있다. 그러한 독특한 구조가 형성되는 데 있어서 국내 주택임대계약이 해외와는 다른 전세나 보증부월세라는 독특한 임대계약 형태가 주류라는 점이 원인이 된 것으로 판단된다.

이와 같이 다른 나라와 비교할 때 국내 주택임대시장의 독특한 특징 중의 하나가 기업형 임대사업자가 취약하다는 점이다. 이는 지속적인 임대주택으로 유지되는 재고주택의 비율도 높지 않다는 특징과도 연결되어 있고, 월세라는 운영수입을 취하기 어려운 전세 그리고 보증부월세에 있어서도 보증금 비중이 높은 임대계약이 주류라는 점과도 연결되어 있다.

최근 정부의 민간임대주택시장 활성화를 위한 방향성을 보면 기업형 임대주택사업자를 육성하기 위한 노력을 경주하고 있는 듯하다. 사실 해외에서도 기업형 임대사업자가 공급하는 임대주택의 비중이 그리 높지 않은 것이 사실이다. 앞에서 살펴보았듯 기업형 임대사업자의 비중

5) 민간기업에 제공하는 임대주택도 5년 공공임대와 같은 단기임대주택이 대부분임.

이 가장 높은 나라인 미국 역시 전체 임차가구의 절반 정도를 차지하는 수준이고, 가장 안정적인 주택임대시장을 유지하고 있는 독일의 경우는 10%대의 극히 낮은 비중의 기업형 민간임대사업자가 존재한다.

사실 국내처럼 볼모지인 상황에서 기업형 민간임대사업자를 육성하겠다는 노력은 여러 가지 고민스러운 점이 많은 선택이라고 판단된다. 다만 개인 민간임대사업자인 다주택자에 대한 정서적 반감을 고려할 때 기업형 민간임대사업자에 대한 지원은 그러한 정서적 반감에 기초한 논란을 피해갈 수 있는 부담이 적은 선택일 수도 있다.

그러나 여전히 월세 비중이 낮은 임대계약이 주류인 국내 주택임대시장에서 기업형 민간임대사업자의 육성이 현실적으로 어느 정도 가능한가에 대하여는 깊이 고민해 볼 필요가 있다. 앞서 제시된 세후수익률의 분석결과는 월세의 비중이 높지 않은 계약에서 운영수익률이 극히 낮고, 전세의 경우에는 음의 운영수익률이 유지됨을 보여 준다. 이는 국내 시장에서 왜 기업형 임대사업자의 육성이 어려운가를 보여 준다. 상대적으로 운영수입에 대한 요구가 크지 않고 주택매각이 자유로운 개인 민간임대사업자들이 대부분을 차지하고 있는지에 대한 설명도 제공한다. 그 근본적인 원인은 국내의 전세제도와 보증금 비중이 높은 보증부월세가 주류이기 때문이다. 결국 월세화가 급속히 진행되지 않는 한 국내에서 기업형 민간임대사업자의 육성이 그리 쉽지 않은 노력이 될 것임을 알 수 있다.

정부의 적극적인 지원이 무리하게 주어진다면 기업형 민간임대사업자의 확대가 불가능한 것은 아닐 수도 있다. 하지만 그러한 선택의 사회적 기회비용을 분명히 고려해야 한다. 국내에서 공공임대주택의 비율을 높이는 것이 쉽지 않았듯 볼모지에서 기업형 민간임대사업자의 비율을 높이는 것 또한 그리 녹록한 선택은 아니다. 따라서 정부의 정책적인 방향성을 기업형 민간임대사업자 육성에 올인하는 것은 비합리적인 수준으로 운영수입을 보장하거나 매각에 대한 자유를 확대해야 하는 등 사회적 기회비용이 무리하게 발생할 수 있는 선택이 요구된다. 단순한 비교로 개인이 아닌 기업형 민간임대사업자에게 매각에 대한 자유를 높이는 것은 결국 5년 공공임대주택이 지닌 문제점을 재현하는 선택일 수 있다. 그보다는 현재 유지되고 있는 개인 민간임대사업자 즉 다주택자들의 역할을 좀 더 합리적으로 수용하고 지원하는 것이 안정적인 주택임대시장을 조성하는 데 우선적으로 요구되는 효과적인 선택이 될 것이라고 판단된다.

제 7 장

맺음말

제 7 장

맺음말

이 책에서는 그동안 이해가 충분히 이루어지지 못했던 국내 주택시장의 독특한 특징인 전세 그리고 포괄적인 의미의 보증부월세시장의 이론적인 작동기제와 서울시 주택시장을 대상으로 한 실증분석결과를 정리하여 논의하였다. 아직 연구의 축적이 충분치 않아 완벽한 해석이 이루어졌다고는 볼 수 없으나 그동안 의문스러웠던 국내 주택임대시장에 대한 이해의 돌파구를 열었다는 측면에서 흥미로운 성과가 정리되었다고 생각된다.

향후 이해가 부족하고 자료의 축적이 이루어지지 못한 관계로 그동안 간과되어 왔던 국내 보증부월세(전세 포함) 시장에 대한 발전된 이해가 이루어진다면, 좀 더 합리적인 시장 질서를 확립하고, 정부의 주택정책의 수립과 집행에 있어 적지 않은 도움을 줄 것으로 판단된다. 본 연구는 그러한 궁극적인 목표를 달성하기 위한 초기 연구들의 정리본이라는 의미로 이해되기 바란다. 여전히 국내 주택임대시장 즉 보증부월세시장에 대한 많은 세부적인 연구주제들이 남아 있으며, 이러한 주제들에 대한 연구들이 활발히 진행되어 우리가 하루하루 겪으며 살아가는 국내 주택시장에 대한 완벽한 이해가 이루어질 수 있는 날이 곧 올 수 있기를 기대하는 마음으로 이 책을 마감하고자 한다.

참고문헌

국토연구원, 『주택시장구조변화와 신주택정책방향』, 국토연구원, 1998.

김경환, "우리나라 주택부문의 비효율성," 『주택금융』, 제22권 제5호, 1989, pp. 33-45.

김관영, "주택매매시장의 효율성 분석," 『한국개발연구』, 제10권 제3호, 한국개발연구원, 1988, pp. 51-64.

김근용 · 김용순 · 이용만, "공공임대주택의 공급 및 관리 현황과 문제점, 그리고 개선방안," 조만 편, 『임대주택시장의 중·장기 발전을 위한 정책과제 연구』, 한국개발연구원, 2013.

김종일 · 송의영 · 이우헌, "서울 아파트 시장에서의 전세-매매가격 비율과 시장의 효율성," 『한국경제의 분석』, 제4권 제1호, 금융연구원, 1998, pp. 57-107.

김준형 · 고진수 · 김막중, "주택소유와 거주의 분리에 관한 연구," 『대한국토도시계획학회 춘계학술대회 논문집』, 2009, pp. 457-467.

류강민 · 이창무, "공실관련 위험이 고려된 보증금-월세 전환율 결정구조," 『한국주택학회 2013년 정기학술대회 발표논문집』, 한국주택학회, 2013.

류강민 · 지규현 · 이창무, "월세관련 위험과 보증금-월세 전환율 결정구조," 『부동산학연구』, 제19집 제2호, 부동산분석학회, 2013, pp. 21-35.

박병식, "전·월세제도의 이론 전 고찰: 모의실험을 통한 투자수익률 계산을 중심으로," 『부동산학연구』, 제8집 제1호, 부동산분석학회, 2002, pp. 57-69.

성은영 · 최창규, "임차인의 자산과 소득이 전·월세 선택에 미치는 영향 분석," 『국토계획』, 제47호 제1호, 대한국토 · 도시계획학회, 2012, pp. 69-83.

손재영, "주택매매가격과 전세가격의 상관관계," 『사회과학연구논집』, 제24권, 2000, pp. 139-163.

송인호, “우리나라 주거비 현황 고찰,” 조만 편, 『임대주택시장의 중·장기 발전을 위한 정책과제 연구』, 한국개발연구원, 2013.

위정환 · 류강민 · 이창무, “임차인 설문조사를 통한 월세미납 결정요인에 관한 연구,” 『부동산학연구』, 제20권 제3호, 2014, pp.5-17.

위정환 · 지규현 · 이창무, “임대인 설문에 기초한 임대계약형태 선택요인 분석,” 『부동산분석학회 2013년도 정기학술대회(추계) 발표논문집』, 부동산분석학회, 2013, pp. 389~401.

이상영, 『아파트의 경제학』, 박영률출판사, 2002.

———, “민간주택임대사업의 지속가능한 발전전략,” 조만 편, 『전환기 부동산 정책의 새로운 방향모색』, 한국개발연구원, 2013.

이상영 · 김병욱, “오피스텔 시장분석과 수익률 추정,” 『감정평가연구』, 제12집 제2호, 2002, pp. 91-108.

이상일 · 이창무, “전세와 보증부월세간 선택요인과 주거수요 편차,” 『주택연구』, 제14권 제1호, 한국주택학회, 2006, pp. 139-163.

이영호 · 고성수, “정보비대칭 관점에서 상가 보증금의 성격에 관한 연구,” 『부동산연구』, 제22집 제2호, 부동산분석학회, 2012, pp. 123-147.

이용만, “전월세시장의 변화에 대한 이론적 분석과 정책적 시사점: 임차인 관점을 중심으로,” 조만 · 차문중 편, 『글로벌 금융위기 이후 주택정책의 새로운 패러다임모색』, 한국개발연구원, 2012.

이창무, “다주택자에 대한 사회적 논란과 그 해법,” 『주택연구』 제18권 제1호, 한국주택학회, 2010, pp. 185-215.

———, “레버리지 위험을 고려한 전월세시장 균형모형,” 『주택연구』 제20권 제2호, 한국주택학회, 2012a, pp. 5-31.

———, “투자이론에 기초한 임대인의 보증금 비중 선택모형,” 『국토연구』 제75권, 국토연구원, 2012b, pp. 3-24.

———, “전월세시장에 대한 이해와 민간임대사업자 육성 방안,” 조만 외 편, 『임대주택시장의 중장기 발전을 위한 정책과제연구』, 한국개발연구원, 2013.

———, “민간 임대주택시장의 변화 추세와 장기 전망,” 『공간과 사회』, 제24권 제2호, 2014, pp. 83-135.

이창무 · 김동근 · 안건혁, “아파트 월세지수 산정에 관한 연구,” 『국토계획』, 제38권 제6호, 대한국토 · 도시계획학회, 2003, pp. 47-60.

이창무 · 이상영 · 안건혁, “아파트 보증부월세 특성에 대한 실증분석,” 『국토계획』, 제38권 제1호, 대한국토 · 도시계획학회, 2003, pp. 109-124.

이창무 · 이재우, 『한국 부동산임대시장의 새로운 해석』, 부동산114(주), 2008.

이창무 · 정의철 · 이현석, “보증부월세 시장의 구조적 해석,” 『국토계획』, 제37권 제6호, 대한국토 · 도시계획학회, 2002, pp. 87-97.

이창무 · 최소의 · 제민혜, “임차인 입장에서의 전월세전환율 분석,” 『주택연구』 제18권 제2호, 한국주택학회, 2010, pp. 163-182.

이현석, “공간시장과 자본시장의 관계 및 예상자본수익률,” 『국토계획』, 제36권 제2호, 대한국토 · 도시계획학회, 2001, pp. 163-175.

임윤성, “Life-Cycle 모델에서의 유동성제약과 전세가 대 주택가의 가격비율 분석,” 『주택연구』, 제4권 제2호, 한국주택학회, 1996, pp. 5-25.

임재만, “서울시 아파트 임대차계약 구조에 대한 새로운 해석,” 『국토연구』, 제70권, 국토연구원, 2011, pp. 23-39.

조준우 · 최창규, “자산축적 및 금융지식에 따른 임차인의 전·월세 선택 특성에 관한 연구 – 다가구주택 및 오피스텔 임차가구를 대상으로,” 『국토계획』, 제46권 제2호, 대한국토 · 도시계획학회, 2011, pp. 153-168.

최창규 · 지규현, “전세와 월세에 대한 구조적 해석–금융조건 및 임차인 자산제약을 중심으로,” 『국토계획』, 제42권 제3호, 대한국토 · 도시계획학회, 2007, pp. 215-226.

———————, “전세와 주택 금융 차입하에 임대인의 공급 선택에 대한 해석,” 『국토학회』, 제43권 제6호, 대한국토 · 도시계획학회, 2008, pp. 53-67.

황두현, “주택매매가격과 전세가격과의 관계 분석,” 『주택금융』, 통권 121권, 1990, pp. 7-25.

Benjamin, J. D., Lusht, K. M., and Shilling, J. D, “What do Rental Contracts Reveal About Averse Selection and Moral Hazard in Rental Housing Markets?,” *Real Estate Economics* Vol. 26 No. 4, 1998, pp. 309-329.

DiPasquale, D. and Wheaton, W. C, *Urban Economics and Real Estate Markets*, Prentice-Hall, 1996.

Kim, Kyung-Hwan, "An Analysis of Inefficiency Due to Inadequate Mortgage Financing: The Case of Seoul, Korea," *Journal of Urban Economics* 28, 1990, pp. 371-390.

Lee, Chang-Moo and Chung, Eui-Chul, "Monthly Rent with Variable Deposit: A New form of Rental Contract in Korea," *Journal of Housing Economics*, 2010, pp. 315-323.

Navarro, Ignacio and Turnbull, Geoffery K., "Antichresis Lease: Theory and Empirical Evidence From the Bolivian Experience," *Regioinal Science and Urban Economics* 40(1), 2010, pp. 33-44.

U.S. Department of Housing and Urban Development(HUD), Housing Units that Serves Both the Renter and Owner Market (American Housing Survey), 2011.

찾아보기

ㅊ

ㅎ

한국 주택시장의 새로운 이해

2015년 2월 5일 제1판 1쇄 인쇄
2015년 2월 10일 제1판 1쇄 발행

저자와의 협의하에 인지첨부를 생략합니다.

저 자 이 창 무
발행인 강 희 일 · 박 은 자
발행처 **다 산 출 판 사**
서울특별시 마포구 용강동 494 - 85
등 록 1979. 6. 5. 제 3-86 호(윤)
전 화 717-3661~2, 718-1751~2
FAX 716-9945
조 판 민 하 디 지 탈 아 트

정가 12,000원 파본은 바꾸어 드립니다.

http://www.dasanbooks.co.kr
ISBN 978-89-7110-477-4 93320